左 琦◎著

指纹三级特征的初步解读

ZHIWEN SANJI TEZHENG DE CHUBU JIEDU

中国政法大学出版社

2022·北京

图书在版编目（ＣＩＰ）数据

指纹三级特征的初步解读/左琦著. —北京：中国政法大学出版社,2022.3
ISBN 978-7-5764-0395-4

Ⅰ.①指…　Ⅱ.①左…　Ⅲ.①指纹鉴定　Ⅳ.①D918.91

中国版本图书馆CIP数据核字(2022)第040065号

出　版　者　中国政法大学出版社

地　　　址　北京市海淀区西土城路25号

邮　　　箱　fadapress@163.com

网　　　址　http://www.cuplpress.com（网络实名：中国政法大学出版社）

电　　　话　010-58908435(第一编辑部)　58908334(邮购部)

承　　　印　北京中科印刷有限公司

开　　　本　720mm×960mm　1/16

印　　　张　14.75

字　　　数　230千字

版　　　次　2022年3月第1版

印　　　次　2022年3月第1次印刷

定　　　价　89.00元

作者简介

左琦，女，1970年生，河南警察学院刑事科学技术系副主任，副教授，河南省公安信息化专家，河南省教育厅学术技术带头人。长期致力于指纹识别人身技术研究，主持完成1项省级课题、6项厅级课题，发表学术论文30余篇，参编教材10余部。获得河南省教科文卫体工会授予的"女职工建功立业先进个人"荣誉称号、省公安系统优秀教师，荣立二等功1次。

CONTENTS

第一章

绪 论

　　指纹是人体遗传性状的一种外在表现形式，是灵长类动物手指末端特有的皮肤结构。在人像、DNA、虹膜、签名、语音等众多生物特征身份识别技术中，指纹识别以其独特性、稳定性、易采性、易接受性等方面的综合优势，得到广泛的研究和应用。当前指纹识别技术主要依赖于指纹中的一级特征和二级特征，即指纹的纹型、中心、三角、细节特征等。但犯罪嫌疑人在案件现场遗留的指纹往往残缺、模糊、面积小，很难提取到一级特征和二级特征。这时"隐藏"在指纹中的三级特征对身份的识别就具有很高的价值。三级特征是指纹纹线内部的微观结构特征，包括汗孔、细点线、纹线边沿形态等，这些信息常常被忽视，在指纹人身识别技术中还存在很大的"空白"。

　　实战的需要呼唤理论的创新，挖掘指纹中"隐藏"的三级特征，完善指纹学理论，探索利用指纹三级特征进行人身识别的新技术、新方法将成为本学科重点研究内容之一。

第一节　手纹与手印

一、手纹概述

（一）手纹的概念

　　人的手掌面上布满着细小的线条状纹路，其形态凸凹有致，呈有规则的定向排列。指纹学中把凸起的线条称作乳突纹线，凹陷的线条称作小犁沟，乳突纹线形成的手掌面皮肤花纹称作手纹、乳突花纹或脊线花纹等。

手纹通常被划分为指头纹、指节纹、手掌纹（图 1-1）。指头纹是指人手指末端指节正面皮肤上突起的乳突花纹，也称为指纹。手指第二指节、第三指节的纹线称为指节纹，手掌部位的纹线称为手掌纹。

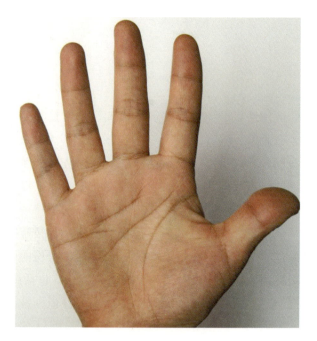

图 1-1　手纹

（二）手纹的形成

人在胚胎发育过程中，从 3 个月的胎儿起，就开始在掌跖部位萌生花纹，到 6 个月完全形成，但未完全定型。人出生后随生长发育指纹有微小变化，直到青春期 14 岁左右才完全定型。指纹的花纹结构和形态较其他部位更为复杂、典型。

（三）手纹的特点

经过解剖学、组织学、遗传学、数学等领域的理论探索与实证研究表明，和其他生物特征相比，手纹具有鲜明的特点。

1. 人各不同、各指相异的特定性。每个人每个手指的乳突花纹结构形态、特征数量以及相互间的关系反映出指纹总体结构和细节特征的总和具有特定性。世界上没有完全相同的两枚指纹，每枚指纹只能与其自身同一，这是由不同个体遗传密码的特殊性所决定的。

2. 终身基本不变的稳定性。从人体胚胎发育 6 个月时指纹形成开始，经出生、死亡直至手指真皮乳突层腐烂为止，指纹的特定性始终保持不变。在人体生长发育中，纹线粗细、次生脊线会发生细小的改变，但整体花纹结构、细节特征的排列组合不会发生改变。指纹只有在病变、外伤等原因伤及真皮层组织时才会发生改变。

3. 触物留痕的客观性。手指汗孔分泌汗液等排泄物，在人体活动中手触摸有形客体时，其汗液分泌物会转移到该客体上，同时该客体表面细小物质也会转移至手指上。触物留痕是皮肤生理特征延伸出来的特点，也是指纹学的重要规律和理论基础。

4. 排列有序的规律性。手掌面的乳突纹线排列整齐，有各自不同的结构与形式。指纹纹线的组成、排列、流向、间距等可以进行有序分类，为指纹数字化管理和应用提供了科学基础。

二、手印概述

（一）手印的概念

手印是手指接触物体留下的印痕，包括指头印、指节印、手掌印。本书手印特指手指末端指节接触物体时遗留的印痕，即指头印（图 1-2）。由于一些习惯、场合等原因，手印也常常被称作指纹。

（二）手印的形成

手对物体施加一定的作用力，物体对手形成反作用力，在两种力的作用下，物体表面形态和附着物质发生变化，从而形成能够反映手的外形结构和皮肤花纹形态的手印。因此，手印的形成需要具备四个基本要素：手指（造痕客体）、被接触客体（承痕客体）、肌力（作用力）、附着物（汗液、油脂、色料等）。

在手印形成的过程中，手指头的大小，皮肤花纹的粗细，承痕客体的光滑程度，作用力的方向、大小，手上汗液、油脂等附着物的成分及数量等因素，均会对手印的形成产生一定的影响。

（三）手印的分类

指纹学中，可以依据不同的标准对手印进行分类，以便于对手印进行分析和提取。

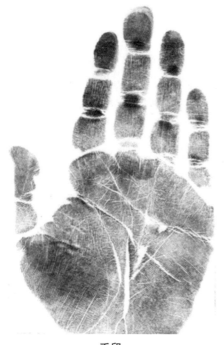

手印   指头印

图1-2　手印

1. 按承痕客体表面的形态变化分为：平面手印与立体手印。

2. 按承痕客体附着物的变化分为：加层手印与减层手印。

3. 按手印形成的色调分为：有色手印与无色手印。

4. 按手印形成的质量分为：清晰手印、残缺手印、模糊手印、重叠手印。

5. 按手印形成的物质成分分为：汗液手印、油脂手印、油墨手印、灰尘手印及血手印等。

三、手纹与手印的异同

手纹和手印虽然都反映手指表面的花纹结构和形态，但两者是完全不同的两个概念。手纹是生长在手指表面的乳突纹线，手印是手纹在承痕物体上的反映形象，手印与手纹是反映与被反映的关系，通常二者成镜像关系。手印的结构特征取决于手纹自身的结构特点。在司法实践中，正是通过对手印的认识来了解和把握手纹的内涵，并利用手印来识别人身。

四、手印鉴定技术

（一）手印鉴定技术的内涵

手印鉴定技术是指鉴定人员依据相关法律法规的规定，运用现代科学技术和相关理论，对案件现场进行勘验，寻找、发现、显现、提取现场手印，确认现场手印与案件是否存在关联性，并通过公开或秘密方式获取样本手印。经过对现场手印与样本手印的分别检验与比较检验，最终进行人身同一认定的一项专门技术工作。

（二）手印鉴定技术的作用

由于手纹具有人各不同、终身基本不变的特点，手印鉴定技术在案件侦破过程中一直是进行人身识别最为有效的方法。当前手印鉴定技术通过观察比较、显现分析、模式识别、网络运行等方法，在案件中发挥着重要的作用。

1. 为案件侦查或调查提供线索。通过现场遗留的手印可以分析判断现场出入口、分析作案人的作案过程、推断作案人数、分析作案人的职业特点和生活习惯等，为利用手印并案或查找无名尸身源提供依据。

2. 为诉讼活动提供法定证据。在审判诉讼中，手印具有提供证据的作用。利用手纹的特定性和稳定性，可以为人身同一认定提供可靠依据，如通过查对手印档案提供证据，通过对嫌疑人手印的排除确认证据、缉拿逃犯等。

3. 有助于印证案件中的其他证据。通过手印可以对案件中的其他证据进行印证，判明两者之间是否一致或存在矛盾，从而验证其他证据是否真实可靠。在刑事案件中，手印和足迹、工具痕迹等经常同时出现；在民事案件中，签名笔迹和手印往往在同部位出现，利用手印进行辅助鉴定更有利于证据之间的相互印证。

第二节　指纹特征体系的形成

一、指纹特征的发现

中国是最早利用指纹进行人身识别的国家，在西周时期，先人就以

"按指为信"来表示自己的身份和诚信。古代捆扎竹简时，就有"缄之以绳，封之以泥，抑之以印"以检奸萌之说。《周记》第十五卷记载"以质剂结信而止讼"，其中"质剂"，经考证就是"指纹"。此后历经秦代、唐代、宋代、元代，指纹成为民事和刑事诉讼中的重要证据。先人出于对人体生理学的本能认识，通过指节、手指间距差异，手指手掌的大小、高低、缺失，纹线的疏密程度，中心花纹旋转等情况确定指节印、手掌印、指头印是否为同一人所留，以及根据指纹判断人的年龄。如唐朝军队中有箕斗花名册，用于士兵入伍后的登记。

美国芝加哥菲尔德博物馆（The Field Museum）保存着我国二千多年前遗留下来的若干枚封泥印章。2018 年 12 月中国学者刘持平、刘世权亲临该博物馆，近距离观察这些记录指纹的封泥印章原物。经放大观察印章，其中乳突纹线清晰可见，指纹汗孔也有反映（图 1-3）。

图 1-3　美国菲尔德博物馆收藏的中国封泥印章

1988 年中国刑警学院赵成文教授在西安半坡遗址考察时，发现遗址陶罐的碎片上有一枚 7000 年前制陶人左手大拇指的立体印痕。显微镜下观察这枚指纹，发现纹线上有一些汗孔，汗孔比现代人的要大和密，指纹纹线也比现代人密度大一些，但总体上这枚指纹与现代人的差别不大，说明人类7000年前，已进化到与现代人相近的生理结构。

德国指纹学家罗伯特·海因德尔（Robert Heindl）在《世界指纹史》中阐述，中国指纹应用的历史久远且丰富，中国是国际公认的世界指纹学故乡。历史上，除中国外，日本、印度、埃及、土耳其、朝鲜等国家也有应用指纹的记载。

二、指纹特征的发展

19世纪下半叶，中国的指纹技术传入欧洲，与近代的解剖学、组织学、胚胎学等新兴科学相结合，诞生了现代意义上的指纹科学。西方国家研究指纹的历史起步于英国资产阶级革命时期。

（一）格鲁指纹特征

1684年英国植物学家、生物学家尼希米·格鲁（Nehemiah Grew）博士观察和研究了人手指纹，并向英国皇家学会提交了研究报告，详细描述了手指汗孔、皮肤脊纹及其排列方式，并附有一副人手形态图。这一研究报告在皇家学会哲学学报上发表，成为世界公认的最早实证科学研究指纹的论文。

（二）马尔皮基指纹特征

1685年荷兰解剖学家比德罗（Bidlo）研究发现，拇指摩擦皮肤会产生脊线和汗孔。1686年意大利波伦亚大学解剖学家马尔切罗·马尔皮基（Marcello Malpighi）教授开始用显微镜观察研究各种指纹图案，发现指纹脊线中间排列着开放的汗孔，随后马尔皮基对皮肤的功能和形态从解剖学角度进行了深入研究。后人为纪念其在皮肤解剖学方面的贡献，将表皮最底层命名为马尔皮基层。

（三）帕金杰指纹特征

1823年捷克生理学家帕金杰（Jan E. Purkinje）提出九种纹型的指纹分类系统，当时并没有引起人们的注意，但他的研究使现代指纹学的发展跨出了意义重大的一步，之后的研究均是通过指纹分类这一角度进行深入的。帕金杰的指纹分类法也被认为是指纹一级特征的缘起。

（四）高尔顿指纹特征

1880年英国科学家弗朗西斯·高尔顿（Francis Galton）开始从人身识

别的角度来研究指纹。1892 年高尔顿出版《指纹学》一书，阐述指纹的特定性和稳定性、指纹分类标准和储存方法、指纹鉴定方法等内容，《指纹学》成为近代指纹学诞生的标志性著作。高尔顿在指纹中还发掘了一些细小的纹线结构并对其独特性进行研究，总结细节特征应用模式，这些细节特征被称为"高尔顿细节"，被认为是指纹二级特征的缘起。1901 年以后指纹细节特征开始用于认定和识别人身并逐步被世界各国所接受，成为一百多年来司法鉴定领域识别人身的主要方法。

（五）爱德蒙·洛卡德指纹特征

1912 年法国里昂法庭科学家爱德蒙·洛卡德（Edmond Locard）应用汗孔特征破获了一起盗窃案。随后洛卡德公开发表了他的见解，认为汗孔具有多样性和不变性，清晰的汗孔特征结合"高尔顿细节"可以做出确定的鉴定结论。1918 年 Wentworth 和 Wilder 在《人身认定》一书中总结了洛卡德关于汗孔特征的研究成果，认为汗孔的大小、汗孔的形态、汗孔在脊线上的位置、数量分布等可以识别，并从数学角度提出，20~40 个汗孔可以认定人身，这是关于指纹三级特征应用的最早论述。

（六）格朗诺夫斯基指纹特征

在 20 世纪 30 年代，苏联乌克兰加盟共和国首都基辅司法鉴定研究所的学者格朗诺夫斯基，首先发现表皮乳突纹线之间出现一种宽度比乳突纹线小一半的"细线"。格朗诺夫斯基认为"细线"是附属指纹特征。1968 年彭罗斯（Penrose）根据前人的发现，将指纹中的"细线"命名为"填隙线"（interstial line）。1976 年布兰卡·肖曼（Blanka Schauman）、米尔顿·阿尔特（Milton Alter）在其《皮肤纹理学与疾病》一书中指出"填隙线"很窄，通常宽度不到乳突线的 1/2，而且没有汗孔。

20 世纪 70 年代末，沈阳市公安局吕登中对"细线"进行了调查统计和初步分析。他提出这种细线比乳突线的高度和宽度各小一半，人群中有细线者约占 16%，其出现情况因性别、年龄而有所区别，最早出现年龄为 6 岁。

（七）查特吉指纹特征

1962 年印度学者查特吉（Salil K. Chatterjee）提出纹线边沿的概念。他将脊线边沿形态分为直线型、凸形、峰形、台形、囊形、凹形和角形等七种具体的类型。查特吉认为这些形态描述的是脊线单位的两侧形态，可以作为辅助特征来认定人身，不能单独使用。

三、指纹特征体系的形成

在指纹技术发展过程中，不同类型、不同表现形式、不同作用的指纹特征不断被发现与利用。为了便于指纹识别，学者开始对指纹特征体系进行研究。

1983 年加拿大指纹学家大卫·阿世巴格（David R. Ashbaugh）出版了《脊纹学》一书，提出了"脊纹学"的概念，他将指纹看成一种具有多种细微特征的图形，并对摩擦脊线结构的独特性及利用它们进行人身认定做了初步研究。1999 年阿世巴格基于人眼直觉认识事物的顺序，从宏观到微观的次序，对整个指纹特征的层级体系进行研究划分，提出指纹三级特征理论，并利用三个等级的特征对指纹进行 ACE-V 法鉴定，其中对指纹层级特征的表述如下。

（一）指纹一级特征

指纹一级特征也称指纹宏观特征、一般特征，主要包括花纹类型特征、褶纹与皱纹的总体形态特征。

花纹类型特征，包括纹型特征，即从整体脊线构造格局，描述纹线整体的流向，如弓型纹、右箕型纹、左箕型纹、斗型纹等（图1-4）。根据花纹中心、三角的形态和位置等几何参数不同，每种纹型还可以进一步细分，如花纹中心与三角间的纹线数目，花纹中心与三角的几何对应关系，三角的形态结构以及三角与三角的相互关系，三角追迹线的对应关系（有两个以上三角的花纹），中心、三角内有无纹线细节，纹线的粗细程度、弯曲程度以及倾斜程度，等等。

褶纹与皱纹的总体形态特征，包括屈肌褶纹类型，如结合型、分散型、混合型，屈肌褶纹的数量，皱纹的分布及排列方向，等等。

指纹一级特征不具备个体独特性但具备种类特性，常常用于分类、否定以及初步的比对，是筛选、缩小检验范围的重要步骤。

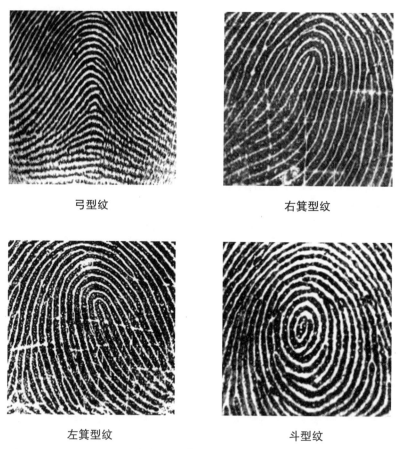

弓型纹　　　　　　　　　　右箕型纹

左箕型纹　　　　　　　　　　斗型纹

图 1-4　指纹一级特征

（二）指纹二级特征

指纹二级特征也称指纹细节特征，主要包括乳突纹线细节特征、褶纹与皱纹细节特征。

乳突纹线细节特征，包括起点、终点、分歧、结合、小沟、小眼、小点、小棒、小桥九种常见细节特征（图 1-5），以及隆凸、凹陷、交叉、错头、双叉、串联结构等其他细节特征，还包括细节特征之间的对应位置、排列关系、相隔线数和相互距离及构成的几何图形等。

褶纹与皱纹的细节特征，包括屈肌褶纹细节特征和皱纹细节特征。屈肌褶纹细节特征，即屈肌褶纹本身的形态、长短、起始位置、屈肌褶纹的组合形态，屈肌褶纹起点、终点结构，如单线式、多线式、分枝形、交织形，屈肌褶纹与乳突纹线、皱纹等相互关系。皱纹细节特征包括皱纹本身的长短、形状、起始位置，皱纹的组合形态（网格状、星状、单叉状、多叉状等）及其与乳突纹线、屈肌褶纹等特征的相互关系等。

指纹二级特征是用来作为指纹独特性依据的特征，在不同人不同手指上独特的排列方式组合形成了个体差异，在司法实践中主要依据二级特征进行人身识别。

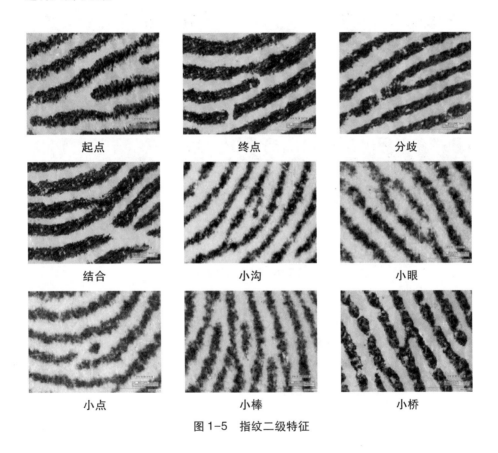

起点　　　　　　　　终点　　　　　　　　分歧

结合　　　　　　　　小沟　　　　　　　　小眼

小点　　　　　　　　小棒　　　　　　　　小桥

图1-5　指纹二级特征

（三）指纹三级特征

指纹三级特征也称指纹微观细节特征，主要包括汗孔、纹线边沿形态、细点线、皱纹、伤疤、疣等特征（图1-6）。指纹三级特征细微，在手指上的三维立体形象反映到客体上的二维手印过程中，容易反映不清或形态发生变化。所以对三级特征进行识别时，需要借助显微镜或高分辨率的成像系统。

目前指纹三级特征的特殊性、稳定性、反映性等规律还不是很清楚，需要进一步研究。有学者认为指纹三级特征不能独立进行人身识别，但可以辅助二级特征进行人身识别。

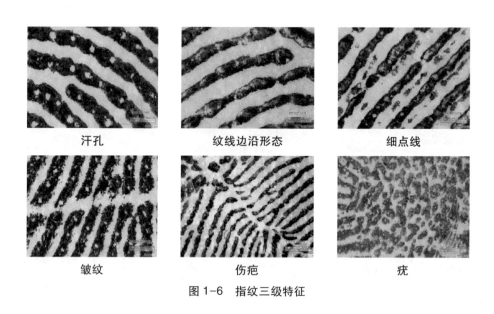

| 汗孔 | 纹线边沿形态 | 细点线 |
| 皱纹 | 伤疤 | 疣 |

图 1-6　指纹三级特征

四、指纹特征体系的内涵

从指纹特征分类体系来看，指纹一级特征、二级特征是基于指纹图形在一个平面上的几何性质，是乳突纹线的外在宏观结构特征和内在细节特征。指纹三级特征是脊线内部构造特征，是将观察放在更小维度上进行的特征识别。

另外，有的特征如屈肌褶痕、皱纹、细点线、疤痕等，分别出现在一级特征、二级特征甚至三级特征中，是否是特征划分标准不当造成的呢？其实这是从不同维度对指纹特征的认识。阿世巴格在《脊纹学》一书中以轮胎上（vehicle tires）形成的疤痕为例进行了分析，认为疤痕的塑形（mold shape）是一级特征，伤口的路径是二级特征，伤口的边沿形态是三级特征。

所以对于屈肌褶纹、皱纹及细点线都可从多个维度认识，进而丰富特征的内涵，提升特征的价值。

五、当前我国指纹特征分类体系

2018 年全国刑事技术标准化技术委员会指纹检验分技术委员会，制定颁布的《法庭科学指纹特征分类规范》（GA/T 1533-2018）标准中，将指纹特征分为一级特征、二级特征、三级特征。在指纹特征分类描述中一级特征包括弓型纹、箕型纹、斗型纹、混杂型纹、褶纹、皱纹等类型；二级特征包括起点、终点、分歧、结合、小勾、小眼、小桥、小棒、小点等类型；三级特征包括汗孔特征、细点线、乳突纹线边沿形态、伤疤、脱皮等类型。

指纹层级特征体系的梳理与划分，特别是指纹三级特征的确定是指纹鉴定科学在空间上的拓展，为指纹学的研究打开了大门。

第三节 指纹三级特征研究进展

一、国外学者对指纹三级特征的研究

20 世纪 70 年代以前，无论是汗孔特征还是纹线边沿形态特征都被认为是不实用的，没有受到广泛的关注。1973 年开始，在一些鉴定实践中遇到了极为清晰的汗孔，才引起了国际鉴定协会的关注，指纹微观特征逐步成为学者研究的对象。

当前国外司法鉴定领域，对指纹三级特征的理论研究及鉴定实践主要有：2008 年 A. Gupta，K. Buckley，R. Sutton 等人对潜在指纹汗孔面积是否可再现进行了研究；2010 年 Abhishek Gupta，M. Phil and Raul Sutton 等人对显微镜和活体指纹扫描取得的汗孔面积是否可以再现进行了研究；2011 年 K. R. Nagesh MD，Shikha Bathwal MBBS 等人对表皮脊线汗孔形态学上的性别差异和不同年龄相关的变化进行了研究；2012 年 Dasa S. Preethi，Mandya D. Nithin 等人对南印度人口汗孔结构进行了识别研究；2014 年 Alexandre Anthonioz，Christophe Champod 等人对汗孔特征与二级特征结合后的证据价值进行评估等研究。

20 世纪 90 年代，指纹自动识别领域也开始关注三级特征的应用。1994年 Stosz 和 Alyea 第一个提出基于汗孔的指纹特征匹配程序（matcher），1997年 Roddy 和 Stosz 对应用三级特征进行指纹匹配进行研究。进入 21 世纪，关于指纹三级特征识别应用的研究越来越多。密歇根州立大学的 A. K. Jain 致力于指纹三级特征的研究，他利用 1000ppi 分辨率指纹图像构建了分级特征识别的指纹自动识别系统，使用小波变换和 Gabor 滤波来提取汗孔和脊线轮廓，使用 ICP 最近点搜索算法来进行指纹的匹配。2004 年 Kryszczuk 对残缺指纹模板与完整指纹模板在汗孔特征匹配过程中的有效性进行了研究。

二、国内指纹三级特征研究计量分析

20 世纪 80 年代我国学者开始关注指纹三级特征。1980 年商奇发表在《刑事技术》上的《汗孔学探讨》一文是国内早期对汗孔识别人身进行研究的文献。2003 年罗亚平发表在《中国人民公安大学学报》上的《指纹证据地位在美国面临的挑战——多伯特审听》一文中，提到指纹中乳突纹线的特征分三个层次，这是国内司法鉴定领域较早提到指纹三级特征概念的文献。2010 年香港科技大学赵启军提出汗孔特征提取与匹配方法，并将其应用于高分辨率下残缺指纹和完整指纹的比对等。

为了更好地了解国内学者对指纹三级特征的研究现状，课题组从文献计量学的角度进行统计分析（由于教材著作中关于指纹三级特征的阐述篇幅小、内容少，不在此次统计之内，本次统计以论文为主）。本次计量统计时间从 1980 年 1 月至 2020 年 12 月，以"指纹三级特征""指纹微观细节特征""汗孔""细点线""纹线边沿形态""中空特征""汗孔识别"等为主题，首先，搜索中国知网学术期刊、万方数据——数字化期刊群、超星数字图书馆等网络资源；其次，对公安部物证中心举办的"全国指纹学学术交流会"、"全国物证鉴定技术破案研讨会"、公安院校举办"全国公安院校刑事科学技术教育论坛"及刑事科学技术协会等机构举办的历届学术研讨会、破案研讨会中出版的论文集进行搜索、查询，并以文献标题及内容是否以指纹三级特征研究为标准，最终筛选出 75 篇论文用于统计分析（见参考文献）。

（一）论文发表年代及研究内容分析

指纹三级特征研究可以从三个方面入手：一是三级特征的特殊性、稳定性、反映性等基础研究（以下简称基础研究），二是三级特征样本采集、显现提取、鉴定案例等应用研究（以下简称应用研究），三是三级特征计算机识别研究（以下简称计算机研究）。

75 篇论文中 1980 年~1990 年 5 篇占 6.7%（基础研究 3 篇、应用研究 2 篇）；1991 年~2000 年 1 篇占 1.3%（应用研究 1 篇）；2001 年~2010 年 11 篇占 14.7%（基础研究 1 篇、应用研究 7 篇、计算机研究 3 篇）；2011 年~2020 年 58 篇占 77.3%（基础研究 13 篇、应用研究 32 篇、计算机研究 13 篇）（图1-7）。分析认为三级特征是指纹学研究中的难点，从 20 世纪 80 年代开始，经历起步、停顿、重启等阶段。随着显微镜、高分辨率设备的普及，特别是计算机识别技术的成熟，学者对三级特征的关注日益增多。

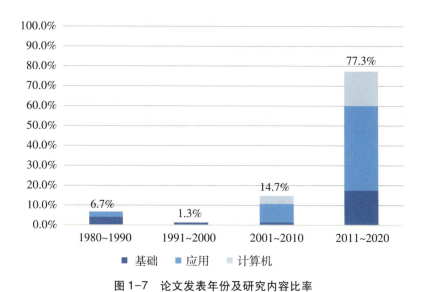

图1-7　论文发表年份及研究内容比率

（二）论文作者单位分析

论文作者单位可以看出哪些机构的学者对指纹三级特征感兴趣，作者单位可分为公安系统（包括公安一线、公安高校及科研机构）、政法院校、地方高校、其他，论文有多个作者的按第一作者单位来统计。

75 篇论文中作者单位为公安系统 50 篇占 67%（基础研究 14 篇、应用研究 34 篇、计算机研究 2 篇），其中作者单位为公安一线 18 篇占 36%（均为应用研究），作者单位为公安高校及科研机构 32 篇占 64%（基础研究 14 篇、应用研究 16 篇、计算机研究 2 篇）。作者单位为政法院校 9 篇占 12%（基础研究 4 篇、应用研究 5 篇）。作者单位为地方高校 14 篇占 18.6%（均为计算机识别研究）。作者单位为其他 2 篇占 2.6%（基础研究 1 篇、应用研究 1 篇）（图 1-8）。分析认为在指纹人身识别领域，公安机关对刑事案件嫌疑人身份的确定开展相关研究，其中公安一线作者研究成果集中在应用研究，反映出公安实战的需要，激发基层技术人员对新技术探索的热情；公安高校及科研机构研究成果较多，反映出指纹三级特征受到研究机构的重视，在解决人身同一认定的各个环节做了有益尝试。政法院校学者研究较少，但在基础研究方面及应用研究方面均有涉猎。地方高校研究成果集中在计算机识别方面，反映出地方高校利用计算机、模式识别方面的优势，探索三级特征的趋势。

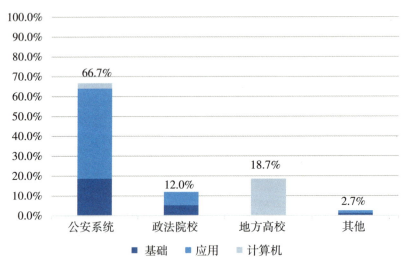

图 1-8　作者单位及研究内容比率

（三）作者论文数量分析

通过对作者论文数量的统计，可以分析作者对指纹三级特征研究的连续性以及研究的深度。75 篇论文由 139 人次参与撰写，其中撰写 1 篇 125 人次占 89.9%；撰写 2 篇 8 人次占 5.8%；撰写 3 篇 3 人次占 2.2%；撰写 4 篇 2 人次占 1.4%；撰写 5 篇~8 篇 0 人次；撰写 9 篇 1 人次占 0.7%（图 1-9）。分析认为指纹三级特征研究受到学者一定的关注，但长期致力于该项研究的学者较少，多数学者对三级特征的研究不够深入，浅尝辄止，这也反映出指纹三级特征研究的难度。

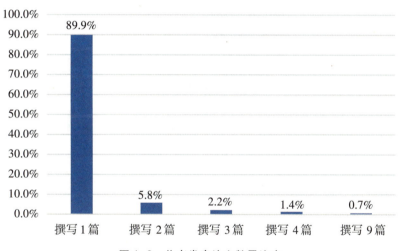

图 1-9 作者发表论文数量比率

（四）论文来源期刊分析

一般情况下，期刊的层次越高文献研究价值就越高，期刊层次可以反映研究被认可的程度。当前我国司法鉴定领域影响较大的期刊有《刑事技术》《中国司法鉴定》《中国人民公安大学学报（自然科学版）》《中国刑警学院学报》等，这些期刊被称为司法鉴定领域的权威期刊（以下简称行业权威期刊）。75 篇论文发表在行业权威期刊 23 篇占 30.7%，高校学报 7 篇占 9.3%；一般期刊 13 篇占 17.3%；会议论文集 18 篇占 24%；学位论文 14 篇占 18.7%（图 1-10）。分析认为论文发表在行业权威期刊的比率较大，说明指纹学新理论研究受到一定重视；学术会议论文集中有一定比率的论文，说明三级特征是学术会议探讨和研究的内容之一，得到学者的认可；高校学位论文把三级特征研究作为选题，说明三级特征在物证技术、计算机技术、模式识别技术等多个领域受到关注。

图 1-10　论文来源期刊数量比率

（五）论文研究客体分析

指纹三级特征主要包括汗孔、边沿形态、细点线等，以论文标题为依据进行统计。75 篇论文中，综合阐述指纹三级特征 25 篇占 33.3%；汗孔研究 38 篇占 50.7%；细点线研究 4 篇占 5.3%；边沿形态研究 6 篇占 8%；纹线中空研究 2 篇占 2.7%（图 1-11）。分析认为综合阐述三级特征在研究初期有一定的价值和作用，随着研究的深入需要对不同类型三级特征进行深入研究。和其他三级特征相比，汗孔特征遗留在光滑客体上时，反映较明确，易于被观察识别，受到学者更多的关注，成果较多，其他三级特征出现少且不易把握，研究较少。

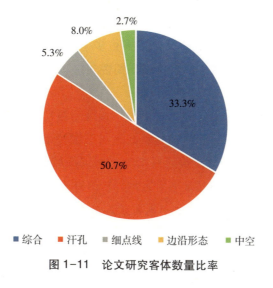

图 1-11　论文研究客体数量比率

在此次文献查找发现有 3 项汗孔识别技术的发明专利，分别是"一种基于神经网络的指纹汗孔编码分类方法""一种高分辨率指纹汗孔匹配的方法、装置、系统及存储介质""基于汗孔和多图匹配的高分辨率指纹检索方法、装置、系统及存储介质"，说明指纹三级特征逐步走向个体识别应用的现状。

三、指纹三级特征研究的不足

经过一个多世纪的发展，传统的指纹识别技术在实际工作中发挥了重要作用，指纹三级特征也得到一定的关注。但指纹三级特征极少用于司法鉴定实践，极少作为指纹独特性的依据，反映出现有研究的不足与问题，主要表现在以下几个方面：

（一）指纹三级特征内涵研究不足

指纹层级特征体系的划分、特征完整地分类和对更多指纹特征的挖掘不足；指纹一级、二级、三级特征基本概念、内涵、种类的研究，还不够深入；三级特征形态学方面公认的分类依据及标准不统一，部分特征称谓不一致。

（二）指纹三级特征基础理论研究不足

指纹三级特征的基础理论涉及特征的特殊性、稳定性、反映性等方面。

已有研究缺乏从遗传学、解剖学、统计学等角度对指纹三级特征人各不同和终身基本不变特性的深入论证，基本止步于反映状况阶段，特别是缺乏从组织细胞学角度对指纹三级特征的周期性观察。

（三）指纹三级特征应用研究不足

从实践应用角度来看，缺乏对案件中指纹三级特征出现率的统计研究；缺乏针对三级特征显现方法的研究；缺乏对三级特征样本采集方法的研究。从同一认定理论角度来看，缺乏对指纹不同层级特征应用标准的研究；对实践中出现的可应用三级特征鉴定案例分析研究不够。

（四）指纹三级特征计算机识别前景认识不足

当前已步入大数据时代，随着云计算及 GPU 等技术的引入，基于纹理识别的技术和深度学习的方法，可以将指纹作为图像进行识别，即需要识别指纹纹理特征和三级特征。但当前对计算机识别指纹三级特征研究还缺乏深层次的认识，仅限于汗孔等有限的信息。

总体来说，对指纹三级特征的基础理论及实践应用方法的研究还处于探索阶段，理论研究不完整、不系统，技术应用方法单一，没有形成对指纹三级特征全面系统的研究，制约了指纹三级特征在实践中的应用。

第四节　选题意义及本书主要研究内容

一、指纹三级特征研究意义

刑事案件中，嫌疑人作案时进行拿、捏、握、抱等活动时，常常无意识遗留手印，这些手印多数残缺，面积小、纹线少，很难提取到一级特征和二级特征，无法得出结论。民事案件中的合同、借据、协议等文件上遗留的手印，虽然是有意识的捺印形成，但受捺印人认知水平、环境，甚至主观故意影响，常常形成残缺、模糊、变形、特征少的手印，也无法得出结论。指纹三级特征数量多、分布密集，具有"高特征密度、高区分度"的特点，对指纹识别具有很高的价值。利用指纹三级特征可以辅助进行指纹鉴定，还可以对鉴定结果进行复核和验证。

案件中有的犯罪分子为达到不法目的，利用各类材料和工具，以真实手指乳突花纹为模，拓印、仿制出伪造的指纹膜、指纹手套、指纹章等犯罪工具，进行违法犯罪活动。指纹汗孔、纹线边沿形态、纹线宽窄、细点线、脱皮和疤痕等微观特征不易伪造，可以作为识别伪造指纹的依据。另外，通过对尸体手印乳突纹线边沿反映状态、纹线宽度变化、汗孔活跃度变化的观察分析，可以辨别活体手印与尸体手印，为诉讼纠纷提供依据。

从学科发展角度看，一门学科对研究对象的认识必定经历从宏观到微观、从表面到深层的发展历程。对指纹的认识从手指上乳突纹线宏观结构特征到高尔顿细节特征，再到汗孔、细点线等微观特征，意味着指纹学向纵深方向发展，符合学科的发展规律，所以指纹三级特征研究将会成为本学科发展的一个重要节点。

二、本书主要研究内容

2010 年课题组开始关注指纹三级特征，2012 年立项院级课题《在超景深三维显微镜下对指纹三级特征的识别研究》，主要对纹线边沿细节形态进行观察识别，并对纹线边沿细节形态的稳定性进行研究。2014 年课题组申报河南省重点科技攻关项目《基于指纹三级特征的人身识别新技术研究》获得立项，课题组选取三级特征中的汗孔作为主要研究对象开展工作，研究内容包括：

1. 从概率论角度推导汗孔排列组合人各不同的特殊性；

2. 在一定生理周期内对汗孔稳定性的观察统计分析；

3. 对汗孔、细点线、边沿形态的观察与类型分析；

4. 现场手印汗孔显现效果的实验研究；

5. 汗孔采集方法研究；

6. 单位面积内汗孔识别准确性研究；

7. 三级特征应用条件与鉴定程序和方法研究；

8. 汗孔细节类型图谱的整理归纳。

本书以课题研究成果为主要内容，并梳理借鉴近年来指纹三级特征的研究成果而完成此书。

三、本书创新点

（一）对汗孔特征识别人身技术的系统化研究

课题组从汗孔特殊性的数理推导到一定生理周期内汗孔稳定性的观察，

从汗孔形态观察到汗孔类型划分，从现场手印汗孔出现率的统计分析到汗孔显现效果的实验研究，从汗孔样本采集方法的筛选到不同分辨率下汗孔样本采集效果的比较，从汗孔特征识别准确性统计到汗孔应用条件、程序和方法等一系列问题，做了系统化的理论阐述和实验研究。系统化的研究有助于从整体上把握指纹三级特征的属性与内涵，有利于成果转化为实践应用技术。

（二）针对汗孔特征进行显现的实验研究

课题组立足已有的手印显现设备、技术，利用多种方法对手印进行显现，观察汗孔等三级特征的显现效果，寻找汗孔特征的最佳显现方法。如利用金粉法、磁性粉末法、"502"胶熏显法、纳米粉末法显现非渗透性客体上遗留的汗潜手印，比较汗孔显现效果；利用热致荧光法、微量加热法显现渗透性客体遗留上遗留汗潜手印中的汗孔；利用光学法检验弹壳等金属表面的汗孔特征；利用明胶片直接提取汗孔特征；等等，这些实验希望可以为针对汗孔显现的新试剂、新设备的研发提供基础。

（三）汗孔特征样本采集方法的实验研究

常规的指纹采集方法主要是油墨捺印盒法和活体采集仪法，课题组在此基础上用油画颜料玻璃板采集法、石墨转印胶带粘取法、扫描仪直接扫描法、显微镜直接拍照法等方法，对指纹汗孔进行采集，比较各种采集方法的优劣，找出最佳采集方法。对活体指纹进行500ppi与1000ppi采集效果比较，寻找高分辨率采集系统应用优化方法，为计算机储存应用三级特征提供支持。

（四）建立汗孔细节类型图谱

课题组拍摄二万余张汗孔图片，在观察分析的基础上，从汗孔密度、角度、数量、间距、相对位置、开闭状态、面积、长度、形状等多个角度对汗孔细节特征进行分类整理。这些汗孔细节图片直观、形象地反映了汗孔的形态学特征，是对汗孔特征深入研究的基础，为今后的研究者提供数据支持。

第二章

指纹三级特征生理学结构

指纹学产生与发展的基础是人体解剖学、胚胎学及人体组织学等自然科学，三级特征是指纹学研究的一部分内容，也需要以上述自然科学为基础来认识探索。对汗孔、纹线边沿形态、细点线等三级特征形成与结构进行梳理阐述，有利于弄清三级特征的来源与特性。

第一节　手掌面皮肤组织结构

一、人手的结构

人手主要由手骨、肌肉、神经和皮肤组成。左右手各有 27 块骨头，分别为指骨、掌骨、腕骨。手部肌肉共有 19 块，包括大鱼际肌群、小鱼际肌群及掌心肌群。手掌由五根掌骨为支撑，三大肌群为纽带组成。手部的神经主要来自正中神经、尺神经、桡神经的支配。手掌与手背皮肤有着明显的不同，指纹学主要关注手掌面皮肤。

二、手掌面皮肤的组织结构

皮肤是人体的重要器官，也是人体最大的器官，总重量占体重的 16%。皮肤是人体内部结构组织、肌肉、骨骼的保护层。人的皮肤厚薄不同，以手掌、脚掌部位最厚，指（掌）纹属于人体手掌部位的皮肤，与其他部位皮肤相比，在结构、功能、特性上存在不同。手掌面和脚掌面的皮肤光滑且由规律的凸起和凹陷纹线构成。学者认为这是人类长期进化的结果。手掌面和脚掌面由于需要经常接触物体，为了增大摩擦形成了分布规律的纹线，这种纹线在指纹学研究领域被称为乳突纹线、摩擦脊纹（Friction

Ridge）等。另外手指部位神经末梢发达，是人体重要的触觉来源。

手掌面皮肤主要由表皮、真皮、皮下组织等组成，中间分布着丰富的血管、淋巴管、神经与肌肉（图2-1）。

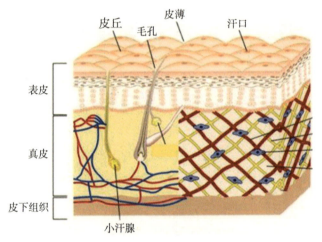

图2-1　皮肤组织结构

（一）表皮

手掌面表皮位于皮肤的浅部，厚度约为0.8mm~1.4mm，其表面呈现密布的乳突纹线和其他手纹。表皮由外胚层分化而来，由角质层细胞和树枝状细胞组成。角质细胞又称上皮细胞，是表皮的主要成分，约占表皮细胞的95%以上。表皮由深层至浅层表面依次可分为：基底层、棘层、颗粒层、透明层和角质层（图2-2）。在正常内分泌控制下，表皮具有终身复原的特点，为指纹终身不变提供了组织学保证。

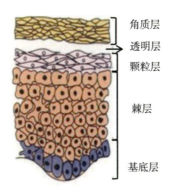

角质层

透明层

颗粒层

棘层

基底层

图 2-2　皮肤表皮结构

（二）真皮

手掌面真皮位于表皮的深处，由中胚层分化而来，属于不规则致密结缔组织，主要成分是纤维，纤维间充填少量细胞和基质，含有丰富的血管、淋巴管等。真皮组织表面有许多隆凸，与表皮的凹陷镶嵌，被称为真皮乳头。真皮乳头排列因人而异，通常情况下每两排相互靠近的真皮乳头构成表皮的一条乳突纹线，即乳突纹线由真皮乳头的排列形态决定。在正常内分泌控制下，真皮乳突层不会增殖、也不会改变或消失，因此真皮乳头连接成的凸起纹线也具有各不相同且稳定不变的特性。

（三）皮下组织

皮下组织又称皮下脂肪层或脂膜，来自中胚层，由疏松结缔组织及脂肪小叶组成，含有血管、淋巴管、神经、小汗腺和顶泌汗腺等，主要有热绝缘、储备能量、缓冲外力，并参与体内脂肪代谢的功能。皮下脂肪因个人营养状况、性别、年龄、部位与内分泌等情形不同而差异很大。在真皮和皮下组织之间以及皮下组织内生长着大量汗腺。汗腺是一种长管状单腺体，不分枝，起端蜷曲呈球形，有大汗腺和小汗腺之分，二者合称为球状体。与其他皮肤相比，掌跖皮肤无皮脂腺与大汗腺，我们所说的手指出汗的汗腺为小汗腺。从外观上看，手掌皮肤小汗腺无毛发，有利于手印的形成与观察。

三、手掌面皮肤的生长发育

人体受精后 8 天，胚牙嵌入子宫内膜，分裂发育为几百个细胞。受精后

6周时，人形已隐约可见。手的生长在人体胚胎最初的几周就已经开始，随着胎儿的生长，表皮细胞成倍增殖从而形成有几层细胞厚度的保护层。表皮的补偿性更新生长机制，使基底层细胞不断分化增殖从而增加表皮的厚度。在胎儿3周时表皮大约有一层细胞的厚度，5周时出现手的雏形，6周时胎儿手掌皮肤第一次明显发育，手就像球拍一样，8周时指间开始分离并伸长，12周时表皮基底层开始生长乳突纹线，24周时真皮的生长发育结束，由真皮分化出的细胞逐渐形成具有5层结构的表皮，手掌面的乳突纹线开始变得可见。手指掌乳突纹线的最终形态永久性确定下来（图2-3）。

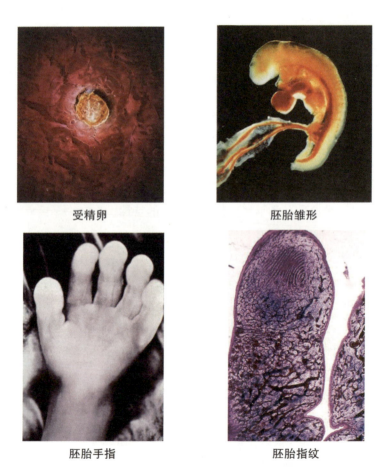

受精卵　　　　　　　　　　　　胚胎雏形

胚胎手指　　　　　　　　　　　　胚胎指纹

图2-3　胚胎手指及指纹的发育

在皮肤的发育过程中，表皮、真皮共同生长，由于坚硬的表皮生长速度比柔软的皮下组织慢，表皮会受到来自皮下组织的上顶压力，迫使长得较慢的表皮向内层组织收缩塌陷，以减轻皮下组织施加给它的压力，最终导致表皮弯弯曲曲、坑洼不平形成纹路。在手掌面上形成凸起线条状反映形态，被称乳突纹线，与乳突纹线并行的凹下线条称为小犁沟，在手掌面上按某种特定顺序排列的乳突纹线称为乳突花纹。

第二节　指纹三级特征的形成与结构

一、汗孔的形成与结构

汗孔是汗腺排泄汗液的出口，汗孔位于乳突纹线上，呈不规则的分布排列。汗孔在乳突纹线上的密度约为 3~5 个/mm，最多时每毫米可达 10 个甚至 10 个以上，最少时不足 1 个。汗孔直径为 0.05mm~0.80mm，深度为 0.01mm~0.50mm，其立体形态多为近似的小口径漏斗，其平面形态多为圆形、椭圆形、不规则形（图 2-4）。一般情况下皮肤粗糙的人汗孔相对较大，汗孔间距也大；皮肤细腻的人汗孔较小，汗孔间距也小。当局部皮肤出现大汗孔分布时，就不会出现小汗孔分布。人体的皮肤花纹随汗孔的分布呈稳定的规律分布。

局部汗孔　　　　　　　　　　单个汗孔

皮肤表面

汗孔

图 2-4　汗孔的结构

人体手掌密布小汗腺，胚胎发育到16周时，腺褶原基末端形成汗腺原基，并分化为汗腺。18周后汗腺导管垂直或斜行穿过真皮盘旋上升，从两个成对乳头之间的凹陷部位进入表皮层，穿过表皮层深部基底层、棘层、颗粒层、透明层，到达角质层形成汗孔。从形成时间上看，小汗腺与乳突纹线的形成时间基本一致。汗孔与乳突纹线一样，都是随着皮肤的产生而形成，并随着年龄的增长成比例放大直至成人，汗孔与乳突纹线相互依存、关系稳定。汗孔分布在乳突纹线的顶端、中区附近，对乳突纹线起滋润保护作用，使乳突纹线在气候干燥的条件下也能保持其韧性而不发生干裂，这是乳突纹线能在长期的摩擦过程中得以保持其形态不被破坏的原因。

在人体成长过程中，乳突纹线的粗细和光滑程度会发生细微的变化。乳突纹线光滑程度的变化，对指纹宏观特征几乎没有影响，但对指纹微观特征影响很大。当乳突纹线由光滑变为粗糙时，汗孔由纹线的中央移至纹线的边缘，导致纹线缺损、不连贯，汗孔由闭合状态变为打开状态，形成汗孔边缘缺损。

二、纹线边沿形态的形成与结构

手指乳突纹线边沿不是光滑均匀的，而是由一些细小的凸凹形态构成，被称为乳突线边沿形态、边沿细节等。乳突纹线边沿形态主要表现为凸起、凹陷两种形式。凸起是指乳突纹线局部凸出的部分，占纹线宽度的1/3～1/5，即凸出0.04mm～0.17mm；凹陷是指乳突纹线局部凹下的部分，占纹线宽度的1/3～1/5，即凹下0.04mm～0.17mm（图2-5）。

图2-5　纹线边沿形态的结构

　　乳突纹线边沿形态可以反映出乳突纹线局部位置的凸凹起伏、宽窄等细节形态变化，反映出真皮层乳头的生长差异。边沿形态分布非常广泛，人手指掌上乳突纹线的两端及两侧都可以观察到。乳突纹线边沿形态分布位置具有宏观的一致性，都分布在乳突纹线的两侧，不会脱离乳突纹线独立存在。随着人年龄增长、机体衰老，手指肌肤逐渐失去弹性，乳突纹线也不再饱满，变得干瘪，宽度由宽变窄，直至汗孔位置从纹线的相对中央"移"至纹线的边沿，导致纹线边沿粗糙、不光滑。所以真皮乳头的差异及汗孔位置的偏移导致乳突纹线边沿形态的变化。

三、细点线的形成与结构

　　细点线也称乳突细线、乳突点线、沟底细线等，它是出现于乳突纹线之间沟纹中连续分布的细线，或间断分布的细点状的组织结构。细点线与乳突纹线相比较为矮小，与乳突纹线的"宽、粗、大"不同，细点线相对"窄、细、小"。乳突纹线的宽度为 0.2mm ~ 0.5mm，细点线的宽度为 0.05mm ~ 0.2mm；乳突纹线的高度为 0.04mm ~ 0.08mm，细点线的高度为 0.015mm ~ 0.035mm。细点线出现在两条乳突纹线之间，存在细点线的纹线间距要比没有细点线的纹线间距大，前者纹线间距多为 0.54mm ~ 0.69mm，而后者纹线间距多为 0.41mm ~ 0.53mm（图 2-6）。

图 2-6　细点线的结构

　　细点线多数是随着年龄的增长而逐渐出现的。6 岁以下的儿童手指头上没有细点线结构，20 岁以上的人手指头逐渐出现细点线，并且随年龄的增长有所增多。当人处于青壮年时期，手指肌肉丰满，皮肤弹性大，乳突纹线较粗较高且间距小，小犁沟较细较深，遗留手印时小犁沟底部不易接触客体较少出现细点线。成年后，生理机能开始衰退，手指皮肤皱缩，乳突纹线变窄变低，小犁沟变宽，乳突纹线与犁沟的宽度基本相等，留下手印时，局部犁沟宽的部位开始出现细点线。随着年龄的增长，原有细点线位置不变并逐渐变宽，新的细点线会出现，数量会增加。

有学者认为细点线天生就有，因其结构细小，在人生初期无法显露而成为隐性。在一定年龄阶段后，乳突纹线变窄，小犁沟变宽，隐藏在小犁沟中的细点线就呈显性出现。也有学者认为细点线是后天形成的，属于增生的乳突纹线，由真皮乳头和表皮细胞的分裂增殖发展而来。无论细点线是先天形成还是后天形成，其反映在手印中是随年龄的增长逐渐出现并增多是显而易见的。

第三章

指纹三级特征的特性

在指纹鉴定一百多年的实践中，学者从遗传学、统计学、解剖学等多角度对指纹人各不同和终身基本不变的特性进行了论证。作为更微观的指纹三级特征，汗孔、纹线边沿形态、细点线的特定性、稳定性及反映性，也需要进行深入研究。

第一节　汗孔特定性的数理推导

一、国外对汗孔特定性的数理统计

1918 年 Wentworth 和 Wilder 在《人身认定》一书中总结了洛卡德关于汗孔特征的学说，包括汗孔的直径、大小、汗孔的形态、汗孔在脊线上的位置及数量分布等特征，并从数学角度提出 20～40 个汗孔可以认定人身。1994 年美国研究人员 Roddy 和 Stosz，从统计学的角度证明两个不同人的指纹中 20 个汗孔都重复的概率是 5.18×10^{-8}，以此证明了汗孔作为人身识别的意义。

二、课题组对汗孔排列组合方式的数理推导

课题组借鉴指纹细节特征排列组合唯一性的推导方法，来进行汗孔排列组合方式唯一性的推导。首先统计一枚完整指纹或局部指纹中汗孔的数量，再进行下一步的推导工作。

（一）汗孔数量统计

课题组选取三面捺印汗孔反映较好的 10 枚箕型纹、10 枚斗型纹分别进行汗孔数量统计。经统计一枚完整指纹的汗孔数量为 2000～4000 个（图 3-

1）。

箕型纹汗孔计数　　　　　　　　　　斗型纹汗孔计数

图 3-1　完整指纹汗孔计数

如果以指纹中心点为圆心，0.5cm 为半径画圆，据公式 S = πr²，得出面积 0.785cm²。用 PS 软件进行汗孔数量统计，结果显示在 0.785cm² 内有 260~458 个汗孔，即 331~583 个汗孔/cm²（图 3-2）。

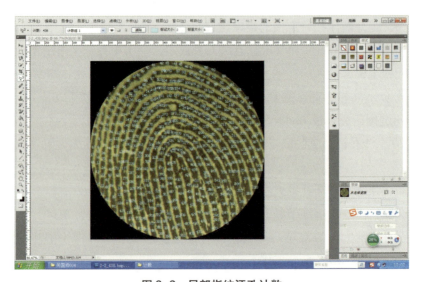

图 3-2　局部指纹汗孔计数

（二）汗孔排列组合数理推导一

常武在《对指纹特点的重新思考》一文中，论述假设一枚指纹上有 100 个特征点位置，有 4 种细节特征类型（起点、终点、分歧、结合），4 种细节特征在 100 个位置的可选性为 4^{100}（61 位数），大于 10 亿种可能，且细节特征的分布是随机的，反映出细节特征排列组合的无穷大数据，也就反映了指纹不可重复的特性。

一枚完整指纹上约有 2000～4000 个汗孔位置，4 种常见的汗孔类型（圆形、椭圆形、不规则性、方形）在一枚指纹上排列组合的形式高达 $4^{2000～4000}$，其结果远远大于细节特征的排列组合结果，从理论讲指纹汗孔的排列组合方式具有不可重复的特性。

（三）汗孔排列组合数理推导二

胡卫平在《指纹鉴定标准及鉴定结论概率化研究》一文中，提出根据统计学原理和贝叶斯定理，利用概率值来表示指纹细节特征位置上的相同概率。由于检材指纹和样本指纹有 N 个特征相同，因此，检材指纹与样本指纹为同一人遗留的概率为 $P=1-P'$，即当两枚指纹相符合的特征数量足够大时，该指纹与其他指纹相同的概率就会接近于 0。假设一枚指纹中有 8 个特征相符合，其中有 4 个起点、3 个终点、1 个小棒。据统计，起点的出现率为 25% 左右，终点的出现率为 20%，小棒的出现率为 5%，这 8 个特征构成的局部指纹与其他指纹相同的概率 $P'=(25\%)^4×(20\%)^3×(5\%)^1=0.0000015625$，检材和样本为同一人遗留的概率为 $P=1-0.0000015625=0.9999984375$，即 99.99984375%。有学者认为概率值大于等于 99.9% 的指纹鉴定结论具有证据能力，即特定区域花纹在人群中出现的概率小于 0.1%，可以认为检材和样本同一。

Dasa S. Preethi 等人实证研究了南印度人汗孔形状反映的类型比率，结果表明男性和女性汗孔形状比率略有不同，以男性为例，汗孔圆形为 51%，椭圆形为 30%，混杂形为 10%，正方形为 6%，菱形为 2%，矩形为 1%。Wentworth 和 Wilder 从数学角度提出 20～40 个清晰汗孔能够进行人身同一认定。假设某一枚指纹鉴定中有 20 个清晰汗孔，其中有 10 个圆形汗孔、6 个椭圆形汗孔、2 个混杂形汗孔、2 个正方形汗孔。假定按照学者对汗孔形状出现率的统计，这 20 个汗孔构成的局部特征与其他特征相同的概率 $P'=$

$(51\%)^{10} \times (30\%)^{6} \times (10\%)^{2} \times (6\%)^{2}$，检材和样本为同一人遗留的概率 P 接近 1，即接近 100%。所以从概率上讲指纹汗孔的排列组合方式具有不可重复的特性。

上述推导中只用到数十个汗孔，而一枚指纹中汗孔数量以千计且出现位置、形态、大小的不确定性和个体差异性决定汗孔排列组合方式极其复杂，偶合率极低，可以说指纹汗孔具有"高特征密度、高区分度"的特点，为利用汗孔特征进行人身同一认定提供了新的依据。

虽然两种数理推导方法可以将指纹鉴定结论量化为一个概率值，但要将其转化为可运用于指纹鉴定实践的理论和方法，还需要进行大量的统计分析，并建立相应的数学模型进行实践验证。

第二节　汗孔稳定性的观察统计

一、国外学者对汗孔稳定性的研究

学者 Abhishek Gupta 等人在 *Latent fingermark pore area reproducibility* 一文中，直接在显微镜下观察汗孔面积的可再现性。结果表明 1 天内同一个汗孔相隔 1 小时捕捉的汗孔面积，其变异系数为 4.2%，在可接受的范围内；同一个汗孔相隔 15 天、30 天、33 天、34 天捕捉的汗孔面积，其变异系数大于 5%，超出可接受范围，预示着在不同时间内捕捉的汗孔面积是不可再现的。研究人员得出汗孔面积在不同时间段内变化大，不能作为人身同一认定依据的结论。

二、国内学者对汗孔稳定性的研究

王有民等人在《指纹三级特征中汗孔位置的生物学变化规律研究》一文中，观察统计 30 天指腹皮肤的新陈代谢对汗孔位置的影响，结果表明在表皮更替时间内，手指指腹乳突纹线上的汗孔在纵、横两个方向均有位置变化，其纵向位置位移值显著大于横向，男性纵、横两个方向的位移值显著大于女性；该变化轨迹范围近似椭圆形，椭圆的长轴与乳突纹线方向一致，短轴与乳突纹线垂直。该项研究对皮肤汗孔变化进行考察，得出汗孔位置在生理周期内的变化规律。

三、课题组对汗孔特征稳定性的研究

警用指纹自动识别系统（Automated Fingerprint ldentification Systems），简称指纹系统或 AFIS，是用于查询刑事案件嫌疑人、串并案件、核实身份、查找尸源、存储刑事案件现场指纹和违法犯罪嫌疑人员十指指纹的大型数据库。经过二十余年的建设运行，我国 AFIS 的十指指纹数据库（又称捺印指纹库）存储的指纹量达到 1.5 亿人十指指纹。由于违法犯罪人员跨省跨区流窜作案，经常被多地公安机关打击处理，其十指指纹被多次采集捺印输入到 AFIS 中，造成 AFIS 中有一定比例的重复捺印指纹（以下简称重卡），即同一人重复捺印的指纹。

课题组从河南省指纹管理中心 1000 万人十指指纹数据库中，寻找同一人不同时期多次捺印的指纹。经统计，重卡时间跨度达二十余年，采集捺印次数有的高达四十余次。这些重卡指纹为观察研究汗孔特征在一定时间段内的变化规律及特点提供了物质基础。

（一）实验设备

河南省 AFIS 指纹信息数据库（海鑫 5.1 版本）、案件取证图像处理软件、Photoshop 软件。

（二）实验样本的选取

1. 选取实验对象。利用 AFIS 的重卡搜索功能（以下简称查重），检索 1000 万人十指指纹数据库。结果显示四千余人 2~40 次被重复采集十指指纹，时间相隔 0~20 年不等。选取采集次数多、时间跨度较大的指纹进行观察，找出纹线清楚、汗孔位置反映较明确的指纹。经过反复比较，确定具有 8 次以上采集捺印记录、时间跨度 20 年以上的 100 人作为实验对象。

2. 选取观察测量的指纹。现阶段警用 AFIS 图像分辨率为 500ppi，汗孔反映不是很清晰，所以再次对实验对象十指指纹纹线及汗孔进行观察，每个实验对象选出 8 次采集汗孔反映较好的同一指位指纹作为实验样本，最终确定 100 人的 800 枚指纹作为实验样本。

3. 选取参考定点及局部汗孔。一枚指纹有数千个汗孔，单纯观察、测量一条纹线上汗孔在一定时间段内的变化是困难的也没有意义，需要选用 1~2 个细节特征来进行参考和定位（以下简称参考定点），即在同一枚指纹的相同部位选取参考定点及周围几个汗孔特征来观察测量分析。

（三）观察测量统计方法

在实验对象同一指位相同部位，选取 1 个细节特征和 5 个汗孔特征，对 8 次不同时间采集反映出的汗孔形态、大小、位置关系进行的观察、比较、测量。以下仅展示实验对象买某某的实验过程及结果。

买某某十指指纹先后被采集捺印 8 次，采集时间相隔二十余年，分别为 1997 年 3 月 7 日、2004 年 12 月 7 日、2007 年 7 月 2 日、2007 年 11 月 2 日、2008 年 5 月 2 日、2013 年 8 月 31 日、2013 年 11 月 27 日、2018 年 1 月 28 日，从前到后依次标识为 T1、T2、T3、T4、T5、T6、T7、T8。买某某 8 次采集的指纹图像均清晰，乳突纹线粗大明显，其中买某某左手食指采集质量最佳，汗孔反映数量多，遂作为观察测量指位。进一步观察该指位指纹为箕型纹，箕头朝左箕口朝右，箕头部位有线条形伤疤，箕口部位有一个清晰的细节特征"终点"，其周围汗孔位置反映清晰明确。实验选取该"终点"特征为参考定点（图 3-3），命名为 0 号特征。0 号特征周围选取 5 个清晰稳定的汗孔，命名为 1、2、3、4、5 号汗孔特征，0~5 号特征形成一个特征组，分别命名为 T1~T8 汗孔特征组（图 3-4）。

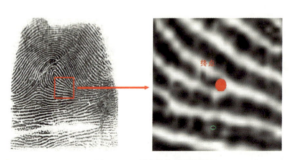

图 3-3　选取参考定点

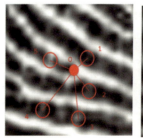

T1 特征组

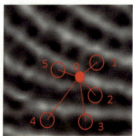

T2 特征组

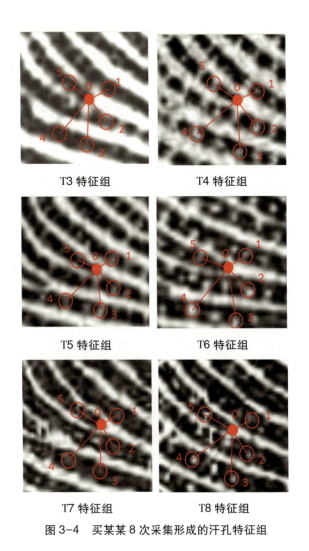

T3 特征组　　　　　　　T4 特征组

T5 特征组　　　　　　　T6 特征组

T7 特征组　　　　　　　T8 特征组

图 3-4　买某某 8 次采集形成的汗孔特征组

以 0 号特征为基准，分别测量 0 号特征与 1、2、3、4、5 号汗孔特征间的像素点个数作为距离，标记为 L01、L02、L03、L04、L05。AFIS 数据库中存储的指纹均是 1∶1 的原物大指纹，指纹图像放大相同倍率时，距离与像素点成正比，可通过测量像素点反映距离关系。以线段 01 为基准，分别测量线段 02、03、04、05 与 01 形成的角度，记为 ∠102、∠103、∠104、∠105，单位为度（°）。另外，测量的起点为 0 号特征的末端，测量的终点为 1~5 号特征的中心。

（四）实验结果与分析

1. 1~5 号汗孔特征位置、形态、大小变化分析。同一手指局部位置的 5 个汗孔，8 次采集均出现在乳突纹线相应的位置。仔细观察发现每个汗孔位置有细微的变化，如同一个汗孔有时位于乳突纹线中间，有时位于乳突纹线的边缘，有时又回到乳突纹线的中间，并无时间上的规律可循。汗孔位置的变化局限在纹线自身宽度范围内，变化的方向与纹线的流向相对。同一指位 8 次采集的同一个汗孔形态有时反映为圆形、椭圆形，有时反映为角形、不规则形，有时汗孔开口较大甚至切断纹线，有时汗孔开口较小不易发现。同一次采集的汗孔大小整体增大或缩小，汗孔形态也随之变化。

分析认为汗孔特征的反映性、稳定性受多种因素的影响，如捺印方式、捺印压力、捺印载体、油墨量、出汗量、设备分辨率、生理变化等。由于手指皮肤的弹性、汗孔的孔洞结构以及汗孔尺寸细微等原因，使汗孔的形成更易受压力大小的影响。压力较小时，纹线连贯性差，形成汗孔数量少、无形态大小反映。压力适中时，纹线较连贯，汗孔明显、数量多、孔径大，汗孔开口或闭口可以反映出来，甚至汗孔向纹线内侧开口或向纹线外侧开口也可以反映出来。压力较大时，纹线连贯，但汗孔数量少、孔径小，汗孔从大汗孔变为小汗孔甚至闭合。警用 AFIS 中的指纹图像，有的是油墨捺印指纹卡扫描仪输入数据库的，有的是活体指纹采集仪直接输入数据库的；有的是三面滚动捺印，有的是平面垂直捺印，无论哪种方式输入数据库的指纹，采集时需要适当的捺印压力才能得到清晰的指纹图像，压力大小的变化是汗孔特征变化的根本原因。

本次实验所用 AFIS 数据库中存储的违法犯罪人员多为青壮年，采集时间不连续且只有二十余年的跨度，二十余年内汗孔生理变化引起的汗孔形状、大小、位置的变化很小，甚至反映不出来。如汗孔具有随着年龄增加由乳突纹线中间向边沿移动的生理特点，在多次采集中没有体现出来。

2. 0 号特征与汗孔间距离、角度变异系数分析。经过初步观察得出 8 次采集同一指位相同部位 5 个汗孔均会出现，但汗孔位置也存在细微的变化，具体有多大变化，是否具有稳定性，还需进一步精确测量，可以用变异系数进行统计分析。变异系数是衡量数据中各观测值变异程度的一个统计量，可以反映数据的离散程度。变异系数越小，位置关系越稳定；变异系数越大，位置关系越不稳定。变异系数在不同领域对结果的评判标准并不相同，通常情况下变异系数小于15%说明数据稳定。变异系数的计算公式为：变异系数（CV）＝〔标准差（SD）／平均值（MN）〕×100%。

8 次采集捺印的同一手指相同部位的 0 号特征与 5 个汗孔位置关系，经观察测量由距离、角度变异系数来表示，见表 3-1。观察表 3-1 可以看出，变异系数均在 8% 以下，整体数据比较平稳，误差在可接受范围以内，说明 AFIS 数据库中 20 年间 8 次采集的指纹图像数据可以稳定的反映汗孔特征，指纹采集时所用压力适中，压力变化不大或基本相同。L03、L04、L05 数据略大，分析认为是采集时被捺印人用力不均或捺印时油墨过多或过少，引起指纹局部变形，汗孔位置发生细微偏移形成的，而非生理变化形成。

表 3-1　0 号特征与汗孔间距离与角度变异系数统计表

样本	T1	T2	T3	T4	T5	T6	T7	T8	MN	SD	CV
L01	65.6	67.5	67.6	60.2	65.7	57.3	67.8	65.7	64.68	3.60	5.57%
L02	94.5	90	80.8	86.3	90.6	85.6	94.3	86.6	88.59	4.36	4.93%
L03	162.4	138.7	138.4	130.9	155.3	145.1	149.1	149.1	146.13	9.45	6.47%
L04	176.9	143.9	167.2	137.9	165.5	152.2	165.7	154.3	157.95	12.29	7.78%
L05	93.8	79.2	80	80.2	86	81.1	86.3	91.9	84.81	5.30	6.24%
∠102	89.6	80.2	89.2	79.8	81.9	88.6	76.9	86	84.03	4.62	5.49%
∠103	124.6	120.6	119.9	116.3	116.8	119.9	109.4	120.1	118.45	4.16	3.51%
∠104	169.6	158.1	164.3	168.7	164.9	160.3	161.4	170.1	164.68	4.23	2.57%
∠105	115.1	117	121.4	123	125.7	116.9	122.8	123.8	120.71	3.61	2.99%

3. 0 号特征与汗孔间距离、角度偏离度总体分析。偏离度是指实际数据与目标数据相差绝对值所占目标数据的比重，偏离度可以表示测量结果对平均值的偏离程度。计算所得偏离度绝对值越高，则变化范围越大，稳定性越差；偏离度绝对值越低，则变化范围越小，稳定性越好。偏离度＝〔（测

量数据-平均值）/平均值〕×100%。计算汗孔距离、角度偏离度对平均值的偏离程度，进一步考察汗孔特征的变化情况。

根据表 3-1 数据可以计算出 8 次不同时间采集数据的偏离度，即 L01、L02、L03、L04、L05 距离的偏离度，$\angle 102$、$\angle 103$、$\angle 104$、$\angle 105$ 角度的偏离度，其中平均值为 8 次测量数据结果的平均值。最终完成 0 号特征与 5 个汗孔间距离、角度偏离度数据，见表 3-2。

表 3-2　0 号特征与汗孔间距离、角度偏离度统计表

样本	T1	T2	T3	T4	T5	T6	T7	T8
L01	1.43%	4.37%	4.52%	-6.92%	1.58%	-11.40%	4.83%	1.58%
L02	6.67%	1.59%	-8.79%	-2.58%	2.27%	-3.37%	6.45%	-2.24%
L03	11.14%	-5.08%	-5.29%	-10.42%	6.28%	-0.70%	2.04%	2.04%
L04	12.00%	-8.90%	5.86%	-12.69%	4.78%	-3.64%	4.91%	-2.31%
L05	10.60%	-6.61%	-5.67%	-5.44%	1.40%	-4.37%	1.76%	8.36%
$\angle 102$	6.63%	-4.56%	6.15%	-5.03%	-2.53%	5.44%	-8.49%	2.34%
$\angle 103$	5.19%	1.82%	1.22%	-1.82%	-1.39%	1.22%	-7.64%	1.39%
$\angle 104$	2.99%	-4.00%	-0.23%	2.44%	0.13%	-2.66%	-1.99%	3.29%
$\angle 105$	-4.65%	-3.07%	0.57%	1.90%	4.13%	-3.16%	1.73%	2.56%

汗孔尺寸小，其偏离度绝对值小，可以认为变化范围小、稳定性好。表 3-2 显示偏离度绝对值在 9% 以下的占 91.67%，其中绝对值在 3% 以下的占 56.25%，说明 20 年间 8 次捺印形成的汗孔特征组较为稳定，指纹是在压力相同或相近的情况下采集的。偏离度绝对值在 9% 以上的有 6 处，占 8.33%，分别是样本 T1 的 L03、L04、L05 和 T4 的 L03、L04 以及 T6 的 L01。分析认为偏离度数据较大的原因是在采集过程中操作不当，捺印力度、角度异常汗孔位置出现偏差造成的，非汗孔生理差异造成的变化。

表 3-2 数据显示 L03、L04、L05 的偏离度普遍高于 L01、L02，观察比较 0~5 号特征位置发现，以 0 号特征作为参考定点，1 号、2 号汗孔特征距

离 0 号特征较近，3 号、4 号、5 号汗孔特征距离 0 号特征较远。分析认为手指皮肤弹性较大，手指上的汗孔由三维特征印压形成二维特征时，特征点之间的距离长变形就大，距离短变形就小。汗孔距离参考定点越近其变化越小，位置关系越稳定；反之，汗孔距离参考定点越远其变化越大，位置关系越不稳定。

4. 0 号特征与汗孔间距离、角度偏离度区间分布。为了更好地分析偏离度在不同区间的分布情况，将表 3-2 中的数据进行整理，计算得出偏离度在不同区间的比例。结果显示偏离度在 9% 以下，占 91.67%，偏离度在 9% 以上，占 8.33%。偏离度在 9% 以下的区间中，偏离度在 3% 以下的占 43.06%（图 3-5）。由此可见，汗孔作为指纹微观特征，在一定的生理周期内，其位置变化较小，具有较强的稳定性。

图 3-5　0 号特征与汗孔间距离、角度偏离度区间分布

5. 0 号特征与汗孔间距离、角度偏离度分布比较。将表 3-2 按照角度、距离统计发现，角度的偏离度集中分布在 1.01%~3% 之间，而距离的偏离度分布较为分散，且偏离度大的比例较高（图 3-6）。分析认为由于汗孔细微尺寸小，测量两个特征点之间的距离数据，极小的误差就会引起数据较大的波动，风险较大；测量三个特征点之间的角度数据，以位置明确的细节特征作为参考定点时，风险降低，误差小。因此就细节特征与汗孔构成的位置关系而言，角度比距离更具稳定性，角度可以更好反映位置关系。

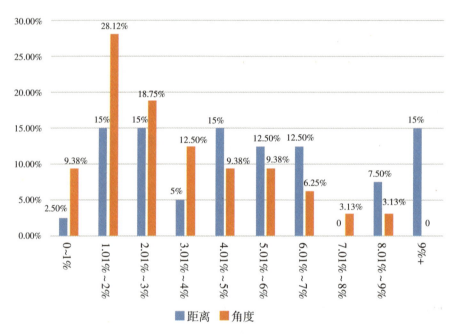

图 3-6　0 号特征与汗孔间距离、角度偏离度分布比较

四、结论

本次研究表明，在一定的生理周期内，指纹汗孔的位置具有相对的稳定性，汗孔形态、大小受采集条件和捺印压力影响较大，稳定性较差。汗孔生理特征的变化远没有捺印压力、捺印方式引起的变化大。在司法鉴定实践中，对残缺、小面积指纹进行检验时，寻找利用清晰稳定的汗孔位置特征，可以作为辅助人身识别的依据。寻找汗孔特征时，尽量选择距离细节特征近的汗孔，可以选择汗孔间的角度作进一步的检验。人身生理周期内汗孔特征变化的规律特点还需更长时间的观察与印证。

第三节　指纹三级特征反映的不确定性

指纹一级特征相对宏观，不需要借助放大设备肉眼可见。指纹二级特征在马蹄镜等放大设备下清晰可见，较少存在反映不确定的问题。指纹三级特征细微，受内在、外在因素影响，反映不稳定，极易出现不确定的情况。

一、指纹三级特征生理上的不确定性

由于指纹三级特征形成的生理阶段不同，有的胚胎时期就已形成，有的出生后形成，有的到一定年龄阶段形成，有的手指受伤才形成，所以并非所有人、所有手指均会出现各类三级特征。汗孔、纹线边沿形态是每个人手指乳突纹线中都会出现的三级特征；而细点线、中空线、伤疤等三级特征的出现率较低，其中细点线的出现与年龄、人体衰老程度有较大关系，伤疤的出现与人是否受过伤等外界影响因素有关。

二、指纹三级特征印痕形成的不确定性

指纹三级特征是指纹的微观特征，这种微观特征检验对乳突纹线的清晰度要求较高，而形成手印微观特征的条件是苛刻的，要求手指干净、作用力适中、承痕客体光滑等，才能保证手印中的汗孔和纹线边沿形态的清晰和稳定。犯罪现场遗留的手印多是作案人作案时所留，很难达到如此高的要求，所以三级特征印痕形成具有很大的不确定性。

三、指纹三级特征样本采集效果的不确定性

目前，传统的油墨捺印方法在采集指纹三级特征样本时，往往不能一次采集到清晰、完整、不变形的特征，需要在不同力度下多次、反复捺印。活体采集仪采集指纹三级特征时，设备分辨率较低，一般民用活体采集仪分辨率在 300ppi 左右，警用活体采集仪分辨率为 500ppi，难以采集到清晰的三级特征。

郭少波等人在《探析高分辨率指纹特定条件下三级特征的稳定性》一文中，通过固定捺印油墨量、捺印方式、捺印客体等变量，考察不同压力下指纹三级特征反映的稳定性。实验结果发现，油墨捺印指纹对三级特征的反映不够理想，汗孔、纹线边沿形态、细点线及皱纹在不同压力下反映的稳定性较差。在轻压情况下三级特征反映的数量、形态、大小较为接近实际，在重压情况下三级特征变形大，甚至完全变形成为另外一种特征。

李航等人在《油墨捺印指纹汗孔特征稳定性的研究》一文中，利用计算机软件对油墨捺印指纹样本的局部汗孔位置关系进行了精确测量，并利用统计学方法统计后认为，汗孔大小、形态虽然存在差别，不具有稳定性，但汗孔的相对距离和角度具有一定的稳定性，即油墨捺印的汗孔位置具有相对的稳定性。

四、指纹三级特征显现效果的不确定性

国外学者 Abhishek Gupta 等人在 *Pore Sub-Features Reproducibility in Directicroscopic and Livescan Images—Their Reliability in Personal Identifification* 一文中，研究摩擦脊线上汗孔细节在手印上的可再现性，结果表明经"502"胶和茚三酮显影后的潜在手印上的汗孔面积是不可再现的。悉尼科技大学的 Tahtouh 对非渗透性光滑客体表面上的汗液手印使用"502"胶熏显后，利用红外光谱成像技术显现出较清晰的三级特征。光谱成像技术有望成为解决指纹三级特征显现难题的有效方法，但对纺织品、皮肤、胶带粘面等疑难客体上指纹三级特征的显现难度依然很大。

当前我国还没有针对指纹三级特征显现的研究，课题组进行了尝试，本书第六章将针对指纹三级特征进行显现实验，以期找到不同客体上遗留三级特征的最佳显现方式。

第四章

指纹三级特征的类型

在指纹学中指纹特征命名多采用象形法，即根据特征形态与结构的反映形象来命名，三级特征类型命名也不例外。指纹三级特征主要包括汗孔、细点线、纹线边沿形态等。通过对汗孔、细点线、纹线边沿形态进行分类、量化、命名，提炼出三级特征细节形态反映的规律特点，为开展三级特征分析与鉴定打下基础。

第一节　汗孔的类型

一、国外学者对汗孔结构类型的研究

1918 年 Wentworth 和 Wilder 在《人身认定》中对汗孔的直径、大小、形态以及在脊线上的位置及数量分布等首次进行了研究。2012 年 Dasa S. Preethi 等人在 *Study of Poroscopy Among South Indian Population* 一文中对南印度人汗孔结构进行识别研究，经观察统计男性汗孔形状比率圆形为 51%、椭圆形为 30%、混杂形为 10%、正方形为 6%、菱形为 2%、矩形为 1%；女性汗孔形状比率圆形为 44%、椭圆形为 33%、混杂形为 12%、正方形为 5%、菱形为 4%、矩形为 2%。

二、国内学者对汗孔结构类型的研究

商奇是国内人身识别领域较早对汗孔结构特征进行研究的学者，1980 年在《汗孔学探讨》一文，他认为汗孔是凸凹不平、深浅不同、大小不等的小孔，呈不规则漏斗状；汗孔可分为圆形、椭圆形和变形；汗孔按其间距大小可分为致密型、中间型和疏松型；汗孔按其排列形式可分为边缘汗

孔、中间汗孔、切断汗孔和混合汗孔。1985 年兰绍江发表论文《汗孔复型与汗孔形态》，对汗孔直径、间距、排列等进行分类。2007 年李洪武发表论文《关于指纹汗孔的初步研究》，对单个汗孔的形态和大小进行量化分析；对单条纹线上汗孔之间的分布和排列关系进行分析；对指纹某一区域多条纹线间汗孔的排列关系进行分析；并根据汗孔间距不同分为稀疏型、紧密型，根据单个汗孔直径大小不同分为小孔型、中孔型、大孔型，根据汗孔在乳突纹线上的分布位置不同分为居中型、边缘型等。

三、张晓梅等人对汗孔结构类型的研究

课题组在指纹三级特征研究过程中，邀请中国刑警学院张晓梅教授指导并参与。2016 年张晓梅教授和研究生焦彩洋，共同发表论文《汗孔特征的观察与识别》，将汗孔特征从形状、大小、位置、数量特征及其组合特征等多角度进行划分，具体内容如下。

（一）汗孔的形状特征

按照象形法命名汗孔特征，汗孔的自然形态主要有五种：圆形、椭圆形、三角形、四边形及不规则形（图 4-1）。

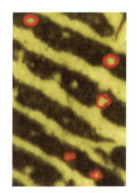

四边形、三角形　　　　圆形、四边形　　　　椭圆形、不规则形

图 4-1　汗孔的形状

（二）汗孔的大小特征

通过汗孔直径来确定汗孔的大小，经测量计算获得汗孔的直径后发现，一般情况下，汗孔的直径在 $50\mu m \sim 250\mu m$ 之间。测量的 2000 个汗孔中，汗孔直径小于 $50\mu m$ 的仅有 8 个，分析其原因很有可能是手印捺印时，油墨过

多，堵塞汗孔造成。根据数据统计，汗孔直径在 $50\mu m \sim 100\mu m$ 的为小孔型汗孔，直径在 $100\mu m \sim 200\mu m$ 的为中孔型汗孔，直径在 $200\mu m \sim 250\mu m$ 的为大孔型汗孔（图4-2）。

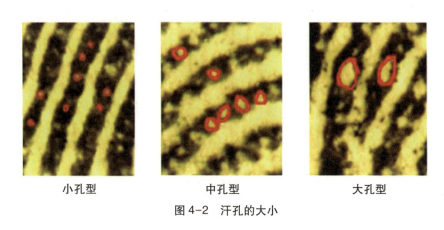

小孔型　　　　　　　　中孔型　　　　　　　　大孔型

图4-2　汗孔的大小

（三）汗孔的位置特征

手掌内表面的所有汗孔均分布于乳突纹线上，主要有两种表现形式：第一种是分布于乳突纹线中心的汗孔，汗孔在印痕中表现为边界完整形的汗孔；第二种是分布于乳突纹线边沿的汗孔，汗孔在印痕中表现为边界不完整形的汗孔。实验中通过对 2000 个汗孔进行观察，发现分布于乳突纹线中心的汗孔有 1636 个占 81%，分布于乳突纹线边沿的汗孔有 364 个占 19%。根据汗孔在乳突纹线上的位置可以分为中心型汗孔、边沿型汗孔（图4-3）。

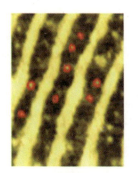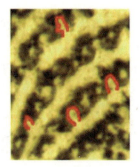

中心型　　　　　　　　　　　边沿型

图4-3　汗孔在乳突纹线上的位置

（四）汗孔的数量特征

通过观察和测量，每毫米乳突纹线上有 3~5 个汗孔，即 1mm 长度的乳突纹线上的汗孔数量类型分别为 3 个、4 个、5 个（图 4-4）。

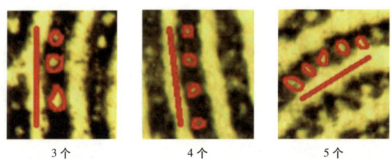

3 个　　　　　　　4 个　　　　　　　5 个

图 4-4　1mm 长度乳突纹线上汗孔数量

（五）汗孔的组合特征

汗孔的组合特征，主要包括汗孔与汗孔之间的间距特征和汗孔与汗孔之间的角度特征。将乳突纹线上的各个汗孔标画出来，并用线连接起来，形成一条反映汗孔的组合特征的曲线。通过对 2000 个汗孔进行测量，汗孔与汗孔之间的间距大于 0.2mm 的称为汗孔稀疏型排列，间距小于 0.2mm 的称为汗孔紧密型排列（图 4-5）。汗孔与汗孔间的角度特征可通过汗孔与汗孔之间的连线形成的网状图形进行观察。通过这个图形，不仅可以观察单条纹线上汗孔与汗孔之间的间距关系，还可以观察多条纹线上汗孔与汗孔之间的角度关系。

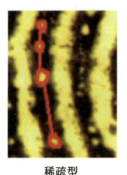 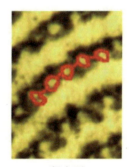 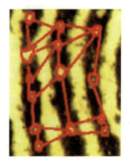

稀疏型　　　　　　紧密型　　　　　　网状

图 4-5　汗孔的排列组合

（六）汗孔与乳突纹线间的关系特征

将汗孔与汗孔之间以一条直线连接起来，再用曲线将乳突纹线的边沿标画出来。将靠近内部系统一侧的乳突纹线边沿称为乳突纹线内侧边沿，把远离内部系统一侧的乳突纹线边沿称为乳突纹线外侧边沿。汗孔与乳突纹线间的组合特征可分为：汗孔靠近乳突纹线外侧边沿、汗孔靠近乳突纹线内侧边沿、汗孔在乳突纹线的中心3种类型（图4-6）。

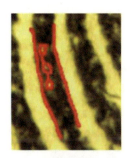 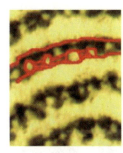 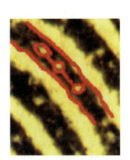

外侧边沿　　　　　　　内侧边沿　　　　　　　居中

图4-6　汗孔靠近乳突纹线位置

四、课题组基于自动定标测算的汗孔类型研究

在已有研究的基础上，课题组利用 KH-7700 显微镜的"自动测量""自动轨迹"等功能，拍摄二万余张汗孔图片，对汗孔密度、角度、数量、间距、相对位置、开闭状态、面积、长度、形状等反映情况进行观察、测量、分析，进而对汗孔细节类型进行分类归纳，量化命名，形成汗孔细节特征图谱（详见附录）。

（一）汗孔的密度特征

一枚指纹不足方寸，有 2000~4000 个汗孔。汗孔在一枚指纹上分布的密度大体均匀，可以统计局部汗孔数量来描述一枚指纹汗孔的密度。显微镜下将指纹放大 100 倍，发现 7mm² 面积内乳突纹线上的汗孔数量适中，易于统计且有一定的区分度，遂以 7mm² 面积内汗孔数量多少进行归纳分类，分为低密度型汗孔（40 个以下）、中密度型汗孔（40~70 个）、高密度型汗孔（70 个以上）三种类型（图4-7）。

  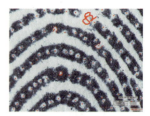

低密度型　　　　　　　　　中密度型　　　　　　　　　高密度型

图 4-7　汗孔的密度特征

（二）汗孔的角度特征

显微镜下将指纹放大 150 倍，通过相邻纹线间 3 个汗孔构成的三角形进行观察，可以将汗孔的位置关系分为锐角组合型汗孔、直角组合型汗孔、钝角组合型汗孔三种类型（图 4-8）。

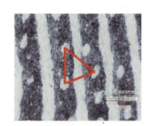 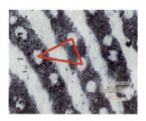 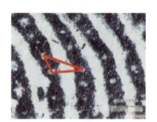

锐角组合型　　　　　　　　直角组合型　　　　　　　　钝角组合型

图 4-8　汗孔的角度特征

（三）汗孔的单位距离数量特征

显微镜下将指纹放大 100 倍，观察每毫米乳突纹线上汗孔的数量多少，可以分为 1~2 个/mm、3~4 个/mm、5~6 个/mm 三种类型（图 4-9）。

1~2 个/mm　　　　　　　　3~4 个/mm　　　　　　　　5~6 个/mm

图 4-9　每毫米乳突纹线上汗孔数量

（四）汗孔的间距特征

显微镜下将指纹放大 100 倍，发现同一条乳突纹线上相邻汗孔间距不一，使用"测距"功能自动测量两个汗孔中心之间的距离，可以将汗孔间距分为大间距型汗孔 1000μm～550μm、中间距型汗孔 550μm～300μm、小间距型汗孔 300μm～50μm 三种类型（图 4-10）。

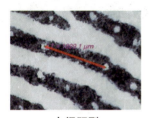 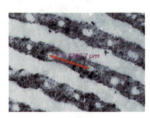 

大间距型　　　　　　　　中间距型　　　　　　　　小间距型

图 4-10　汗孔的间距特征

（五）汗孔的相对位置特征

显微镜下将指纹放大 100 倍，发现位于局部乳突纹线上的汗孔位置各不相同，有的在纹线中间，有的在纹线边沿。如果以指纹中心为参照，将汗孔在纹线上的局部位置分为靠近中心纹线的偏内侧型汗孔、远离中心纹线的偏外侧型汗孔、位于纹线中间的居中型汗孔三种类型（图 4-11）。

偏内侧型　　　　　　　　偏外侧型　　　　　　　　居中型

图 4-11　汗孔相对位置特征

（六）汗孔的开闭特征

显微镜下将指纹放大 200 倍，观察汗孔在乳突线上的开闭状态，可以将汗孔在乳突纹线局部状态分为闭口型汗孔、一端开口的打开型汗孔及两端开口的中断型汗孔三种类型（图 4-12）。

 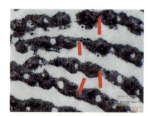 

闭口型　　　　　　　　打开型　　　　　　　　中断型

图 4-12　汗孔相对位置特征

（七）汗孔的面积特征

显微镜下将指纹放大 400 倍，观察发现汗孔面积大小不一。本次实验只对闭合性汗孔进行面积划分。将闭合型汗孔使用"自动圈画面积"功能进行面积圈画，根据测量结果及识别的需要，可以将汗孔面积可分为大型汗孔 80 000μm^2 ~ 34 000μm^2、中型汗孔 34 000μm^2 ~ 13 000μm^2、小型汗孔 13 000μm^2 ~ 800μm^2 三种类型（图 4-13）。

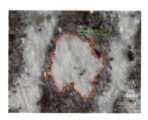 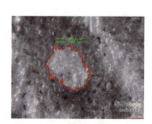 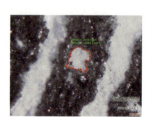

大型　　　　　　　　　中型　　　　　　　　　小型

图 4-13　汗孔的面积特征

（八）汗孔的长度特征

汗孔的长度特征是指汗孔顺乳突线流向的最大纵向距离。显微镜下将指纹放大 400 倍，观察发现汗孔长度反映不同，根据数据统计可将长度特征分为长径型汗孔 260μm ~ 600μm、中径型汗孔 120μm ~ 260μm、短径型汗孔 20μm ~ 120μm 三种类型（图 4-14）。

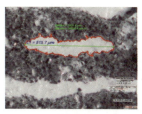
长径型

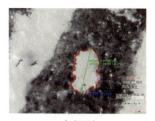
中径型

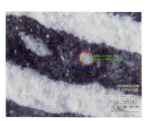
短径型

图 4-14　汗孔的长度特征

（九）汗孔的形态特征

显微镜下将指纹放大 400 倍，观察发现汗孔形态反映多样，根据观察和描述的需要，可将汗孔分为圆形、椭圆形、矩形、三角形、心形、月牙形、长条形、菱形和不规则形等多种类型（图 4-15）。

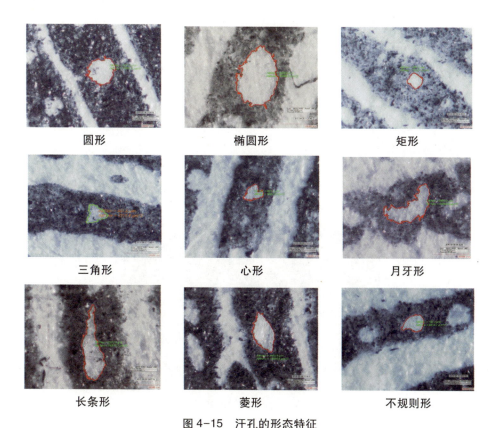

圆形　　　　　　　　椭圆形　　　　　　　　矩形

三角形　　　　　　　心形　　　　　　　　月牙形

长条形　　　　　　　菱形　　　　　　　不规则形

图 4-15　汗孔的形态特征

第二节 细点线的类型

一、国内学者对细点线结构类型的研究

国内学者廖岳华撰写论文《指纹细点线的识别与检验研究》，认为细点线通常比乳突纹线窄，乳突纹线宽度为 $380\mu m \sim 490\mu m$，而细点线的宽度为 $130\mu m \sim 260\mu m$。细点线的具体形态有细点状、点线状、细短线状、细长线状等。周蕾、郭亚在《细点线在手印检验中的意义初探》一文中，认为细点线出现的形态与乳突纹线一样具有人各不同的特点，与乳突纹线形态的粗、大不同，细点线比乳突纹线窄、细，具体形态有点线状、细点状、细长线状、细短线状等。

二、课题组对细点线类型的研究

在已有研究的基础上，课题组在河南省公安厅十指指纹数据库中，观察寻找十指指纹中的细点线特征，发现细点线与其他三级特征相比，其形态反映明显、连续，易于观察。细点线的形态由点到线、由线到点是可以转化的。细点线出现在小犁沟中，以纵向形态反映为主，可以考虑以下分类方式。

（一）细点线的长度特征

根据观察发现，细点线的长度差异较大，可以分为长细点线和短细点线。以相邻的乳突纹线为参考，长度大于 2 条乳突纹线宽度的称为长细点线，

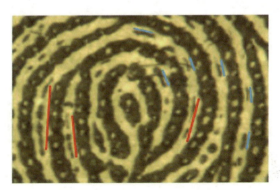

红线为长细点线 蓝色线为短细点线

图 4-16 细点线的长度特征

长度小于 2 条乳突纹线宽度的称为短细点线（图 4-16）。细点线的宽度为 130μm~260μm，较细的细点线经常反映不出来或以点状、连续点状形态出现；较宽的细点线反映较稳定。细点线的宽度特征反映不稳定就不再细分。

（二）细点线的形态特征

细点线反映形态比较丰富，有短棒状、连续短棒状、连续点状、点状等类型（图 4-17）。

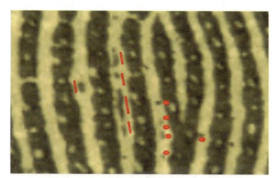

从左到右分别为短棒状、连续短棒状、连续点状、点状

图 4-17　细点线的形态特征

（三）细点线的位置特征

学者统计表明，细点线在各指的出现率，从拇指、食指、中指、环指、小指依次递减，其中拇指出现率 25% 左右，小指出现率 2.5%。具体到单个指印，据观察统计发现细点线一般出现在乳突花纹的内部系统的中心附近，三角部位也有一定反映，根基系统和外围系统较少出现细点线（图 4-18）。

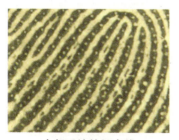

内部系统的细点线

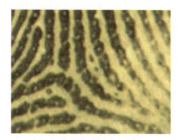

三角部位的细点线

图 4-18　细点线的位置特征

第三节 纹线边沿形态的类型

一、国外学者对乳突纹线边沿形态类型的研究

边沿形态是乳突纹线的边沿显示出的凸凹起伏状态。1962 年印度学者查特吉（Salil K. Chatterjee）在对大量乳突纹线进行观察后，发现乳突纹线边沿形态、大小各异，分布排列有一定的规律，某些形状的纹线边沿形态频繁出现，遂将边沿形态分为直、凸、峰值、表、口袋、凹、角度等类型（图 4-19）。边沿形态特征的密度非常大，5mm 乳突纹线上大约有 20 个边沿形态特征，但乳突纹线形成的灵活性常常掩盖边沿形态的反映。

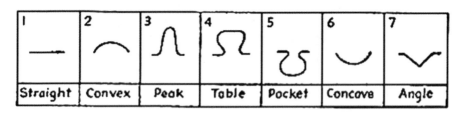

1	2	3	4	5	6	7
Straight	Convex	Peak	Table	Pocket	Concave	Angle

图 4-19 查特吉边沿形态类型

二、课题组对乳突纹线边沿形态类型的研究

课题组收集河南警察学院学生油墨捺印十指指纹卡 1000 份、"502"胶熏显 100 枚指纹。利用 KF-1 型多功能物证检验仪（具备放大观察、测量比对等功能），对收集到的指纹放大 20～100 倍观察拍照，选取图像清晰的 1000 枚指纹，进行边沿形态细节形态、大小、位置、分布、排列等多角度分析归纳。

（一）纹线边沿特征的命名

乳突纹线边沿细节的自然形态主要表现为凸起、凹陷两种形式，国内尚未有对凸起、凹陷进一步具体描述、量化及命名。课题组根据观察认为乳突纹线自身的宽度为 0.2mm～0.5mm，凸起是乳突纹线局部凸出的部分，略占纹线宽度的 1/3～1/5，即凸出 0.04mm～0.17mm 称为凸起；凹陷是乳

突纹线局部凹下的部分，略占纹线宽度的 1/3 ~ 1/5，即凹下 0.04mm ~ 0.17mm 称为凹陷（图 4-20）。

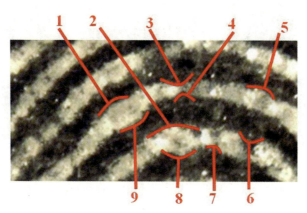

1、2、5、8、9 为凸起　　3、4、6、7 为凹陷

图 4-20　边沿形态特征的反映

（二）边沿形态的位置特征

如果把指纹的中心点作为参考定点，每条乳突纹线相对于中心点都有上、下、左、右之分。边沿形态相对于中心点，也有上、下、左、右之分，同时因边沿形态依附在乳突线两侧，在同一条乳突纹线上，离中心点近的可称为内侧边沿形态，离中心点远的可称为外侧边沿形态，图 4-20 中 1、2、3、5、6 为外侧边沿形态，4、7、8、9 为内侧边沿形态。

（三）单个凸起、凹陷的形态大小特征

镜头下观察凸起、凹陷的具体形态，有弧形、方形、角形、不规则形等多种形态。根据凸凹程度可分为大凸起、大凹陷，占乳突纹线 1/3 ~ 1/4，高于或低于乳突纹线 0.17mm ~ 0.11mm；小凸起、小凹陷，占乳突纹线 1/4 ~ 1/5，高于或低于乳突纹线 0.11mm ~ 0.04mm。这些形态、大小特征，可以充分反映单个凸起、凹陷的细节类型（图 4-21）。

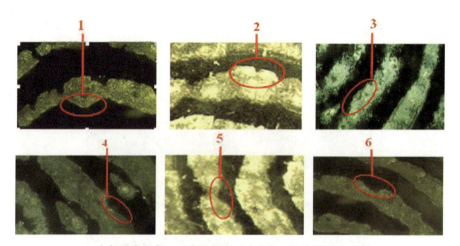

1 为角形大凸起　2 为不规则形大凸起　3 为弧形小凸起

4 为弧形小凹陷　5 为角形大凹陷　6 为不规则形大凹陷

图 4-21　凸起、凹陷形态大小反映

（四）边沿形态分布特征

凸起、凹陷分布在乳突纹线的两侧，有对称性分布和非对称性分布之分。对称性分布形式有双侧凸起、双侧凹陷；非对称性分布形式有单侧凸起、单侧凹陷、一侧凸起一侧凹陷等类型（图 4-22）。

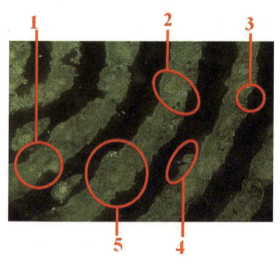

1 为双侧凹陷　2 为一侧凸起一侧凹陷　3 为单侧凹陷　4 为单侧凸起　5 为双侧凸起

图 4-22　凸起、凹陷的分布形式

（五）单条乳突线上凸起、凹陷的排列特征

为了准确反映凸起、凹陷的排列关系，可在乳突纹线两侧凸起、凹陷的最凸点与最凹点作上标记，用线连接，形成两条带有节点的曲线。在同一条乳突纹线上，离中心近的可称为内侧边沿曲线，离中心远的可称为外侧边沿曲线。根据两条曲线的形态、走势，可以明显反映出凸起、凹陷在单条乳突纹线上的分布和排列关系（图4-23）。

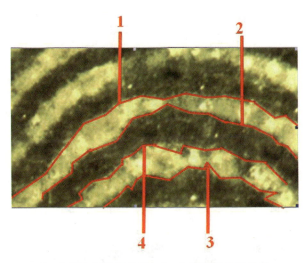

1、4为外侧边沿曲线 2、3为内侧边沿曲线

图4-23 凸起、凹陷形成的边沿曲线

（六）多条乳突纹线间凸起、凹陷的排列特征

在一定区域内，首先将每条乳突纹线两侧的凸起、凹陷作上标记用线连接，形成多条近似平行的曲线，再将相邻曲线中相近的凸起、凹陷连接而不交叉，就形成一张带有节点的网。根据观察的需要，可以分为：连接两侧纹线边沿形态细节的网、连接内侧纹线边沿形态细节的网、连接外侧纹线边沿形态细节的网等类型。网中的凸起、凹陷可以形成有长、宽比值的面进行考察（图4-24）。

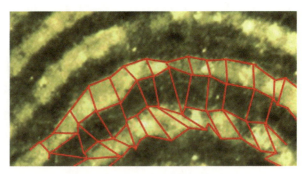

图4-24 凸起、凹陷的网状分布

（七）边沿形态与汗孔组合特征

标注单条乳突纹线上汗孔的位置并用线连接，形成一条在乳突纹线上带有节点的汗孔曲线。结合纹线边沿形态形成的两条曲线，观察三条带有节点的曲线，就可以考察汗孔曲线在边沿形态曲线范围内的位置、走势，弄清汗孔与边沿形态的相互关系、对应位置等。如汗孔曲线贴近内侧边沿形态曲线、汗孔曲线贴近外侧边沿形态曲线、汗孔曲线在内外侧边沿形态曲线内不规则摆动等类型（图4-25）。

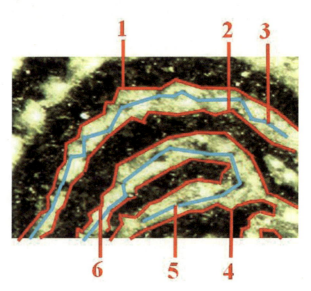

1、2、4、6为边沿形态曲线   3、5为汗孔曲线

图4-25 汗孔曲线在边沿形态曲线内的摆动

（八）边沿形态与乳突纹线细节特征的组合特征

以指纹中出现的任意一个清晰的乳突纹线细节特征（二级特征）为基点，观察其与所在乳突纹线、邻近乳突纹线中反映出的边沿形态的种类、数量、位置、距离等相互关系。如用乳突纹线细节特征与单个边沿形态的位置、距离构成组合特征，也可用乳突纹线细节特征与边沿形态曲线的相互关系构成组合特征（图4-26）。

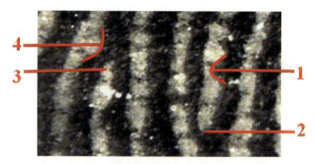

1为凹陷 2为起点 3为终点 4为凸起

1、2与3、4构成两组边沿形态与乳突纹线细节特征的组合特征

图4-26 边沿形态与乳突纹线细节特征的组合反映

第五章

指纹三级特征的出现

当手触摸客体时，指纹就会遗留在客体上，犯罪现场遗留的指纹印痕，具有生理和运动留痕的客观性。指纹三级特征细微，在现场中是否出现、出现多少、出现质量等问题是三级特征研究的价值及意义所在。本章将对现场指纹中汗孔出现情况和捺印指纹中细点线出现情况进行统计分析。

第一节　现场指纹中汗孔出现情况统计

一、国内学者对汗孔出现情况的统计分析

学者王跃进在《汗孔作为识别人的特征讨论》一文中，收集十指指纹卡、单指指纹卡、现场手印卡等资料，统计分析认为，捺印指纹乳突纹线（包括死体和活体）上汗孔的出现率为100%，2mm乳突纹线上有4个以上汗孔，犯罪现场手印中可以见到汗孔，其中清晰纹线上汗孔出现率为100%，模糊不清线上汗孔出现率为25%。

在前人研究的基础上，课题组收集刑事案件现场指纹与民事案件检材指纹进行汗孔出现情况的统计。

二、课题组对汗孔出现情况的实验研究

（一）实验器材

AFIS（海鑫5.1版本）、KF-1型物证检验仪、马蹄镜、Photoshop软件、美图秀秀软件。

（二）样本采集

1. 全国重点犯罪嫌疑人十指指纹协查信息系统中"现场指纹图像信息

编辑"（图 5-1）窗口，截图北京、上海、天津、辽宁、河南等地现场指纹 1000 枚，简称样本 1。

2. 河南省 AFIS 指纹信息数据库，获取现场指纹 2500 枚，简称样本 2。

3. 郑州市公安局保存的现场指纹照片 500 张，简称样本 3。

4. 河南公专司法鉴定中心检材指纹 200 枚，简称样本 4。

以上收集的 4200 枚指纹，通过截图、扫描、拍照等形式储存为图片，根据指纹文档信息获取遗留部位、显现提取方法、乳突纹线颜色、提取地区等信息。

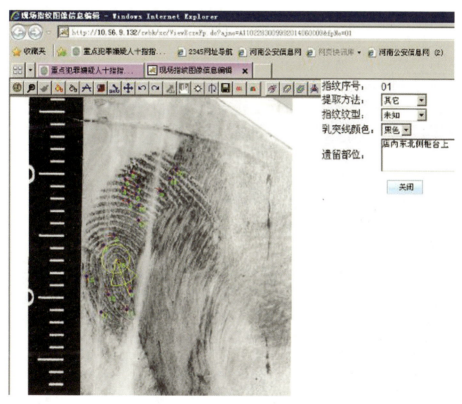

图 5-1　现场指纹图像信息示例

（三）实验步骤

1. 整理。对上述方式获得的指纹进行整理，分别按遗留客体、显现提取方法、提取地区 3 种方式进行汗孔出现情况的统计。

2. 观察识别标注。把指纹图片置于 Photoshop 软件、美图秀秀软件中放大观察，对乳突纹线中的汗孔进行标注。

3. 数量区间。观察一枚指纹中有无汗孔出现及出现的数量。出现数量可以分为 1~10 个汗孔、11~20 个汗孔、20~40 个汗孔、40 个汗孔以上 4 种情况。

（四）实验结果

1. 按遗留客体不同统计，见表 5-1。

数据来源：样本 1、样本 2、样本 3。样本 4 多为红色印泥或印油在纸质材料上捺印形成，遗留客体单一，不参与统计。

表 5-1　不同客体遗留汗孔数量统计表（枚）

遗留客体	指纹数量	无汗孔	1~10	11~20	21~40	40 以上
漆面	470	0	50	5	50	365
陶瓷	455	0	0	21	40	394
玻璃	910	0	10	45	5	850
塑料面	453	0	48	290	55	60
金属面	491	0	15	58	208	210
纸张	209	0	22	61	89	37
纺织品	182	0	71	41	43	27
墙壁涂料	320	0	153	95	43	29
其他客体	510	0	130	110	99	171
合计	4000	0	499	726	632	2143

2. 按显现提取方法不同统计，见表 5-2。

数据来源：样本 1、样本 3、样本 4。样本 2 中没有显现提取方法的信息

（AFIS 海鑫 5.1 版本），不在此统计之列。

表 5-2　不同显现提取方法现场指纹汗孔出现数量统计表（枚）

显现提取方式	指纹数量	无汗孔	1~10	11~20	21~40	40 以上
粉末法	450	0	87	120	130	113
"502" 胶法	138	0	38	50	23	27
刑案拍照	490	0	110	60	190	130
民案扫描	200	0	12	45	84	59
其　他	422	0	78	130	98	116
总　计	1700	0	325	405	525	445

3. 按提取地区不同统计，见表 5-3。

数据来源：样本 1。样本 2、样本 3、样本 4 属于本地现场指纹信息，不在此统计之列。

表 5-3　不同地区提取现场指纹汗孔出现数量统计表（枚）

显示提取地区	指纹数量	无汗孔	1~10	11~20	21~40	40 以上
北　京	160	0	7	49	51	53
上　海	125	0	13	20	50	42
天　津	43	0	3	10	17	13
辽　宁	152	0	12	42	39	59
河　南	520	0	21	178	131	190
总　计	1000	0	56	299	288	357

（五）讨论

1. 承痕客体表明光滑、平整程度是影响汗孔反映效果的重要因素。陶瓷、玻璃、油漆表面光滑、平整，汗孔反映效果好；金属、纸张表面有细微凸凹结构，汗孔反映效果一般；纺织品、墙面表明粗糙、不平整，汗孔反映困难。

2. 显现提取方法对汗孔的反映有一定影响。民事案件中指纹一般用红色印油或印泥捺印在纸张等承痕客体上，指纹与客体反差大，不需要显现处理，直接用高分辨率扫描仪提取，保留汗孔原始状态，效果较好。刑事案件中现场指纹遗留客体复杂，与承痕客体反差小，需要经过刷显或熏显才能显出指纹，在显现过程中汗孔极易发生堵塞现象，即使直接拍照提取，也会因反差不足，汗孔反映不清，影响提取效果。

3. 汗孔细微，形成条件复杂，对刑事技术人员来说，显现提取都是困难的，因此不同地区汗孔提取效果差别不大。

4. 由于现场指纹文档信息不全或缺项，本次仅从遗留客体、显现提取方法、提取地区 3 个方面进行汗孔出现情况的统计，略显简单。另外，统计采集的样本数量有限，现场指纹汗孔出现情况还需大量样本的观察统计。

5. 课题组通过前期对指纹汗孔结构特征的认识及汗孔类型划分等工作，对汗孔有了较深入的理解，为准确寻找、发现汗孔奠定了基础。但采用人工方式标注汗孔，存在一定误差。

三、结论

本次统计显示不同遗留客体、不同显现提取方法、不同地区提取的现场指纹中或多或少均会出现汗孔。当然本次统计所选的指纹是 AFIS 数据库中的现场指纹或民事案件中的检材指纹，这些指纹经过筛选，二级特征反映充分，具备鉴定条件，可以说是条件较好的指纹。对于严重残缺、模糊不清、变形重叠的指纹中汗孔出现的情况，还需要进一步统计分析。

第二节　捺印指纹中细点线出现情况统计

一、国内学者对捺印指纹中细点线出现情况的统计

国内学者廖岳华撰写《细点线的识别与检验研究》一文，对 750 人采集指纹统计发现，细点线平均出现率为 38.13%。周蕾、郭亚在《细点线在手印检验中的意义初探》一文中，对 500 份十指指纹样本统计发现，细点

线的出现率为 10.6%。

二、课题组对捺印指纹中细点线出现情况的实验研究

课题组利用 AFIS 中指纹图像，观察统计细点线的出现率，细点线的出现与年龄、指位、纹型的关系，以及细点线出现在指纹中的具体位置等情况，以期弄清细点线出现的规律特点。

（一）实验器材

AFIS（海鑫 5.1 版本）、河南省 AFIS 十指指纹数据库、Photoshop 软件等。

（二）实验样本

1. 选取 AFIS 十指指纹数据库中的指纹，以 10 岁为一个梯度进行年龄段的划分。由于 AFIS 中存储的十指指纹多为青壮年，没有 10 岁以下人群的指纹，故年龄段划分及选取人数为 11 岁～20 岁 100 人，21 岁～30 岁 200 人，31 岁～40 岁 200 人，41 岁～50 岁 200 人，51 岁～60 岁 100 人，61 岁及以上 100 人，即 6 个年龄段 900 人作为实验人群。

2. 对 900 人的十指指纹分别截图，保存 9000 枚指纹图片用于观察统计。

3. 对选取的 9000 枚指纹直接放大观察寻找细点线，对于图像质量较差的指纹，调整亮度、对比度，并进行反向、锐化操作，改善图片质量，以便更加清晰地观察到细点线。

（三）实验方法

1. 统计不同年龄段细点线出现的数量及比率。观察统计 900 人十指指纹中出现细点线的人数，6 个年龄段中手指出现细点线的人数及比率。

2. 统计不同指位细点线出现的数量及比率。观察统计细点线在拇指、食指、中指、环指及小指各指位出现的数量及比率。

3. 统计不同纹型细点线出现的数量及比率。观察统计细点线在弓型纹、箕型纹、斗型纹中出现的数量及比率。

4. 统计不同指纹系统细点线出现的数量及比率。指纹学中将斗型纹和箕型纹划分为内部系统、外围系统、根基系统，将弓型纹划分为上部系统与下部系统。本次实验把弓型纹的上部系统划为外围系统，下部系统划为根基系统，依此来统计细点线在三个系统中出现的数量及比率。

（四）实验结果

1. 不同年龄段细点线出现的人数及比率，见表5-4。

表5-4　不同年龄段细点线出现的人数及比率

年龄段	样本人数	出现人数	出现比率
11 岁~20 岁	100	9	9%
21 岁~30 岁	200	22	11%
31 岁~40 岁	200	94	45%
41 岁~50 岁	200	122	61%
51 岁~60 岁	100	53	53%
61 岁及以上	100	51	51%
合　计	900	351	39%

从表5-4看出，900人中351人指纹出现细点线，占总人数的39%。其中 11 岁~20 岁细点线出现人数最少，占比9%；41 岁~50 岁出现人数最多，占比51%。

2. 不同指位细点线出现的数量及比率，见表5-5、图5-2。

表5-5　不同指位细点线出现的数量及比率

手　别	指　位	出现数目	出现比率
左手	拇指	295	26.87%
	食指	148	13.48%
	中指	56	5.10%
	环指	40	3.64%
	小指	20	1.82%

手　别	指　位	出现数目	出现比率
	拇指	275	25.04%
	食指	133	12.11%
右手	中指	60	5.46%
	环指	43	3.92%
	小指	28	2.55%
合计		1098	100%

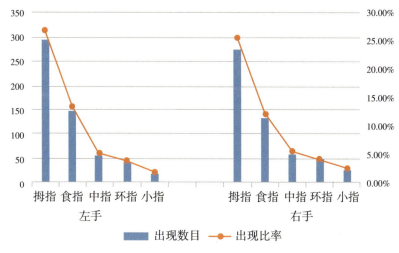

图 5-2　不同指位细点线出现的数量及比率

　　从表 5-5 可以看出，351 人中共有 1098 个手指出现细点线，细点线在各手指指位的分布数量各不相同。左、右手拇指出现细点线的数量最多，食指、中指、环指、小指细点线出现数量依次递减。从图 5-2 可以更清楚地看出细点线随指位变化而急剧下降的趋势。

3. 不同纹型细点线出现的数量及比率，见表5-6。

表5-6　不同纹型细点线出现的数量及比率

纹　型	数　量	比　率
弓型纹	29	2.64%
箕型纹	498	45.36%
斗型纹	571	52.00%
合　计	1098	100%

从表5-6可以看出，1098枚指纹中细点线出现数量最多的是斗型纹，占比52%；其次是箕型纹，占比45.36%；弓型纹细点线数量最少，占比2.64%。

4. 不同指纹系统细点线出现的数量及比率，见表5-7。

表5-7　不同指纹系统细点线出现的数量及比率

指纹系统	数　量	比　率
内部系统	799	72.77%
外围系统	240	21.86%
根基系统	59	5.40%
合　　计	1098	100%

从表5-7可以看出细点线出现在指纹内部系统的最多，占比72.77%；出现在外围系统的较多，占比21.86%；出现在根基系统的最少，占比5.4%。

（五）讨论

1. 细点线的出现率与捺印人的年龄段相关。统计发现900人中有351人的1098个手指出现了细点线结构。表现为：以41岁~50岁为细点线出现率的峰值，此后基本不变或略有下降。分析认为，手指接触物体对乳突纹线有磨损，使乳突纹线变窄变低，小犁沟变宽，细点线则逐渐反映出来。随着年龄的增长，原有细点线及相互位置关系不变，新的细点线出现，使细点线数量有所增加。

2. 细点线的出现率与手指功能、面积相关。从实验结果可知，细点线出现率最高的指位是拇指，占 25% 左右；出现率略高是食指，占 10% 左右；中指、环指与小指出现率相对较低，没有超过 10%。分析认为，拇指较其余四指在工作、生活中使用率高，拿、捏、握等动作均需要用到拇指，拇指的磨损多，乳突纹线变窄变低易出现细点线，加之拇指面积大，更增加了细点线出现的概率；食指和拇指配合使用较多，食指细点线出现概率高于其他三指。根据细点线在不同指位的出现率，可以作为指位分析的依据之一。另外左手与右手对应指位中细点线出现比率差别不大，故根据细点线出现率无法区分左手还是右手。

3. 细点线的出现率与纹型的出现率相关。据统计，中国人手指纹型中斗型纹数量最多，占 50%；箕型纹数量较多，占 47.5%；弓型纹数量最少，占 2.5%。本次实验看出，细点线在纹型上出现的比率与纹型所占比率基本相同，斗型纹最高，箕型纹次之，弓型纹最少。分析认为，细点线在纹型上的出现率与纹型在人群中分布的比率成正比，没有出现细点线在某种纹型上过多或多少的情况。

4. 细点线的出现率与乳突纹线局部磨损部位相关。本次实验表明一枚指纹中可能会出现一处或多处细点线，但大多数细点线位于内部系统，其次出现于外围系统，最少出现于根基系统。分析认为，内部系统位于手指半圆的弧凸部位，该部位皮肤接触客体较多，磨损较大，细点线出现概率大；外围系统接触客体少于内部系统，细点线出现率略低；根基系统接触客体少，磨损小，细点线出现少。

5. 细点线的出现与捺印压力相关。本次实验采集的指纹均为 AFIS 中存储的违法犯罪嫌疑人十指指纹，无法确定采集时捺印压力大小。但根据图像中乳突纹线反映质量分析，捺印压力适中时，乳突纹线与小犁沟间隔明显，细点线反映清晰、全面；捺印压力过小时，乳突纹线较细，细点线反映不出来或反映不完整；捺印压力过大时，乳突纹线变粗，小犁沟变细，细点线不能独立反映出来，并与周围纹线相连。因此捺印压力大小，是细点线出现与否及质量高低的重要因素之一。

三、结论

指纹细点线是人体在一定生理时期出现的特殊、稳定的特征，它的存在、分布具有一定的规律性。细点线的出现与人群的年龄、指位、纹型、局部位置及压力大小等密切相关。在刑事侦查中，掌握这些规律，可以更好分析涉案人员的年龄段、遗留痕迹的手指、纹型及具体的遗留部位等，为 AFIS 精准查询提供依据。

第六章

指纹三级特征的显现与提取

　　刑事案件现场嫌疑人遗留的手印大多是肉眼看不见的潜在手印，需要用光学、物理、化学等方法，使看不见的潜在手印显现出来。然而形成潜在手印的物质复杂，承痕客体千差万别，手印遗留时间长短不同，遗留环境也各不相同。因此，选择何种方法来显现潜在手印，需要综合各方面因素来考虑。

　　本章实验的内容不是研制新试剂、新设备显现指纹三级特征，而是用已有方法、设备显现潜在手印，观察三级特征显现效果，寻找多种方法显现三级特征的可行性。由于犯罪现场遗留的手印通常为汗液手印，本章只针对汗潜手印进行显现。

第一节　常规方法显现效果比较

　　汗潜手印显现的常规方法主要指粉末法和"502"胶法。粉末法利用手印与背景对颗粒物质粘附能力的差别而显出手印，"502"胶法是从"502"胶中蒸发出的 α-氰基丙烯酸乙酯单体，在汗液纹线上的聚合作用而显出手印。

一、手印显现常规方法的应用

（一）粉末法

　　粉末法最初由英国苏格兰场警察采用滑石粉、粉笔末、木炭粉作为显现手印的粉末，但显现效果不佳。1906 年美国人斯托克斯（Stokes）改用染料作为粉末，显现效果得到改进。目前常用的粉末有铝粉、青铜粉、磁性粉末、荧光粉末及热塑性粉末等。随着纳米技术的发展，多种修饰的纳米金属氧化物粉末、量子点修饰粉末以及反斯托克斯粉末被应用于汗潜手印的显现中，表现出更好的显现效果和灵敏度。

（二）"502"胶法

1978年日本国家警察局犯罪鉴定部首先使用α-氰基丙烯酸乙酯熏显手印，20世纪80年代初这项技术传入美国，改进后该显现法的灵敏度得到提升，应用范围进一步拓展。1983年"502"胶法在我国首次被报道并在实践中不断得到改进和完善，公安部物证鉴定中心研制的"502"自动熏显箱，使"502"熏显过程中温度、湿度控制及试剂的用量达到了定量化、标准化，熏显后的手印可以进行碘、罗丹明6G、彩色磁性粉等染色处理来增加反差，使手印显现效果更加理想。

二、常规方法显现指纹三级特征的实验研究

课题组邀请中国刑警学院张晓梅教授对此部分进行实验研究。张晓梅等人分别采用青铜粉法（俗称金粉法）、磁性粉法、"502"胶法，对光滑非渗透性客体表面汗潜手印进行显现实验，观察比较指纹三级特征显现效果，寻找光滑非渗透性客体表面指纹三级特征的最佳显现方法。

（一）实验器材、药品

实验器材：毛刷、磁性刷、胶皮手套、显微镜、相机；

实验药品：金粉、磁性粉、"502"胶；

实验客体：玻璃、瓷砖、塑料片、地板革等。

（二）实验样本制作

实验选取汗孔较为明显的实验对象捺印手印，以光滑非渗透性客体为手印遗留客体。制作手印样本时，先用脱脂棉将非渗透性客体玻璃、瓷砖、塑料片和地板革等客体表面擦拭干净，置于实验台上；实验者先在流水下用肥皂将手洗净，自然晾干，以同一个手指采用适当的力度，在这些非渗透性客体表面垂直捺印汗潜手印。

（三）实验方法

本实验采用的各种方法的显现操作均采用行业内标准操作方法，具体操作程序此处略。手印显现后在显微镜下观察、拍照，寻找、识别指纹的三级特征。

（四）比较显现效果的依据

指纹三级特征显现效果的指标主要包括：显现后的手印乳突纹线是否连贯、清晰、完整地将手印表现出来；汗孔是否明显、清晰，汗孔的数量、大小、分布、形状及其与乳突纹线的位置关系是否明确等。依据乳突纹线的边沿形态清晰程度、汗孔的特征表现程度及纹线的清晰流畅程度，将指纹三级特征质量分为 5 个等级，见表 6-1。本书指纹三级特征显现效果均遵循此标准。

表 6-1 指纹三级特征质量评级分类标准

质量评级	数字表示	符号表示	具体标准
好	4	++++	乳突纹线清晰，纹线的连贯性强，边沿形态清晰明显，汗孔明显且形态清晰，整体反差明显。数量多、形态丰富、单个汗孔面积大。
较好	3	+++	乳突纹线较清晰，纹线的连贯性、清晰度较好，汗孔较明显，整体反差较好，单个汗孔完整度变差，多为单侧开口型，纹线边缘形态大致清晰。
一般	2	++	乳突纹线的连贯性、清晰度、能见度低，纹线断离情况显著，汗孔数量少，而且多为双向开口型，纹线不实而形成的漏白情况。纹线边缘形态模糊，无形态大小反映，整体反差弱。
较差	1	+	略有纹线，其他特征不明显，不具备三级特征检验条件。
差	0	-	未显出任何纹线，不具备检验条件。

（五）实验结果

用金粉法、磁性粉法、"502" 胶法分别对捺印在玻璃、瓷砖、塑料片、地板革客体上的汗潜手印进行显现，对显现效果进行比较分析，显现效果见表 6-2。

表6-2　常规方法对光滑客体表面汗潜手印显现效果比较

显现方法	玻璃	瓷砖	塑料片	地板革
金粉法	++	++	+	++
磁性粉法	+++	++	+	+++
"502"胶法	++++	+++	++	+++

1. 玻璃表面汗潜手印三级特征显现效果。对玻璃表面汗潜手印经3种方法显现后，乳突纹线连贯性强，汗孔数量较多，但3种方法对三级特征的反映程度不尽相同。"502"胶法显出的手印比金粉法及磁性粉法显出的手印纹线更为连贯；"502"胶法及磁性粉法显出的手印乳突纹线边沿清晰，金粉法显出的手印边沿相对模糊；"502"胶法显出的手印汗孔清晰完整，用磁性粉法显现的汗孔小部分缺失，用金粉法显现的汗孔大量模糊。即3种方法对玻璃表面汗潜手印三级特征反映最好的为"502"胶法（图6-1）。

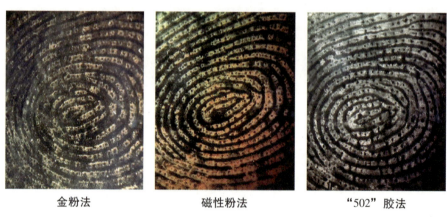

金粉法　　　　　　　磁性粉法　　　　　　　"502"胶法

图6-1　玻璃表面汗潜手印三级特征显现效果

2. 瓷砖表面汗潜手印三级特征显现效果。对瓷砖表面汗潜手印经3种方法显现后，乳突纹线均能一定程度地反映指纹三级特征。用金粉法显出的纹线较为清晰，但部分纹线断续，边沿形态不清晰，汗孔表现不够完整；磁性粉法显出的手印纹线较为清晰，部分纹线不连贯，边沿形态部分清晰，汗孔不完整；"502"胶法显出的手印的纹线连贯清晰，纹线边沿形态清晰，但汗孔不够清晰。即3种方法中"502"胶法对手印三级特征反映最为充分（图6-2）。

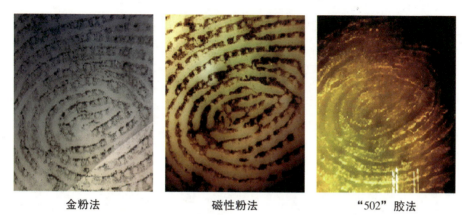

金粉法　　　　　　磁性粉法　　　　　　"502"胶法

图6-2　瓷砖表面汗潜手印三级特征显现效果

3. 塑料表面汗潜手印三级特征显现效果。对塑料表面汗潜手印经3种方法显现后，乳突纹线整体形态及细节特征均能反映出来，但对三级特征反映均不够完整。金粉法和磁性粉法显出的手印，边沿形态不清晰，汗孔不可见，部分纹线断续；"502"胶法显出的手印一定程度上反映出汗孔和纹线边沿形态。即对于塑料表面手印，"502"胶法对手印三级特征的反映好于金粉法及磁性粉法（图6-3）。

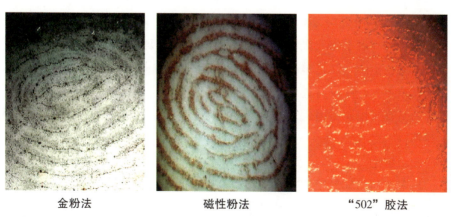

金粉法　　　　　　磁性粉法　　　　　　"502"胶法

图6-3　塑料表面汗潜手印三级特征显现效果

4. 地板革表面汗潜手印三级特征显现效果。对于地板革表面汗潜手印经 3 种方法显现后效果较好。金粉法显出的手印纹线边沿形态较清晰，但汗孔反映不够明显；磁性粉法显出的手印纹线边沿清晰，汗孔较为完整；"502"胶法显出的手印纹线连贯，边沿清晰，汗孔形态完整清晰。即对于地板革表面汗潜手印，"502"胶法能显出较好的手印三级特征（图 6-4）。

<table>
<tr><td>金粉法</td><td>磁性粉法</td><td>"502"胶法</td></tr>
</table>

图 6-4　地板革表面汗潜手印三级特征显现效果

（六）讨论

1. 在上述实验研究中，手印遗留条件不可能绝对一致，可能一定程度地影响了手印显现效果，但不影响实验结论的准确性。

2. 本实验研究均为对客体表面手印显现后直接拍照，目的是考察显现方法本身对汗潜手印三级特征的反映能力，避免染色及胶带提取带来的误差，如白色瓷砖、红色塑料片表面用"502"胶熏显后虽然有很好的吸附，但其反差不大，并没有进行加强反差的处理，粉末显现后没有采用胶带提取，而是直接拍照，因此，个别图片反差不够大，但不影响手印三级特征的观察。

三、结论

粉末法和"502"胶法显现手印具有操作简便、快捷、适用范围广的特点，是显现非渗透性客体上汗潜手印的常用方法。对于光滑非渗透性客体表面的汗潜手印三级特征的显现，首选方法为"502"胶法，其次为磁性粉法，特别光滑的客体亦可采用金粉法。手印遗留客体的性质及与手印显现方法的匹配程度对三级特征的表现有很大影响。

第二节　纳米粉末显现法

纳米材料是指三维空间中至少有一维处于 0.1nm～100nm 的材料。由于纳米材料尺寸小、结合力强、易于功能化的特点，产生了与传统尺寸物质不同的性质，在手印显现领域成为研究的热点。

一、国外学者对纳米粉末显现汗潜手印的研究

1989 年 Saunders 等人创立多金属沉淀法（multi-metal eposition，MMD），首次将金纳米材料应用于汗潜手印显现，之后科研人员用不同材料进行实验，提出了单金属沉积法（single metal deposition，SMD）等多种改进的汗潜手印显现方法。金纳米颗粒以其突出的稳定性和独特的物理化学性质，成为汗潜手印显现领域应用最广泛的金属纳米材料。

印度德里大学的 G. S. Sodhi 利用纳米级三氧化二铝颗粒的荧光粉末，显现客体表面的手印，实验表明该粉末适用于光滑以及潮湿带有粘性的客体表面手印显现。澳大利亚悉尼科技大学的 Choi 利用合成的表面键合油胺的纳米金粉末和荧光染料包覆的二氧化钛纳米粉末，显现出潜在的手印。

二、国内学者对纳米粉末显现汗潜手印的研究

中国人民公安大学杨瑞琴研究团队制备了纳米 TiO_2、纳米二氧化钛、纳米 Fe_3O_4、纳米 ZnO 等粉末显现各类客体上的汗潜手印。在水果蔬菜上的实验表明，纳米 Fe_3O_4 粉末可以清晰显现苹果、香蕉、西红柿和土豆 4 种客体表面的手印；纳米 ZnO 粉末可以清晰显现苹果、香蕉和西红柿 3 种客体表面的手印，尤其显现西红柿表面手印的效果最好。

王猛等人采用水热法合成具有较高荧光强度、较小颗粒粒径的 La F3：Eu，Tb 荧光纳米粉末。该粉末应用于光滑客体表面汗潜手印的显现，实验表明经 La F3：Eu，Tb 纳米荧光粉末显现的手印在 254nm 紫外灯照射下能够发出明亮的黄色荧光，乳突纹线清晰连贯、细节特征明显，具有较高的鉴定价值。

于遨洋等人采用水热法和共沉淀法分别合成了纳米 La2（MoO4）3：Eu 荧光材料和纳米 Fe_3O_4 磁性材料用于显现手印。实验表明，对于光滑客体表面的手印，使用磁性纳米荧光粉末与纳米荧光粉末的显现效果无明显差异，对于粗糙客体表面的手印，使用磁性纳米荧光粉末能够清晰显现出手印的细节特征，其显现效果明显优于普通纳米荧光粉末，并能够有效避免粉末扬尘现象。

黄锐等人以金属铂为原料合成一系列的多功能纳米材料，用于手印的显现，并在实际案件中取得较好效果。

另外李国平等人用铁酸钠、四氧化三钴等 14 种纳米粉末材料，采用吹显技术对玻璃、瓷器、油漆等不同光滑客体表面遗留的汗潜手印进行显现研究，取得一定的效果。

三、课题组采用纳米粉末显现三级特征的实验研究

（一）实验器材

1. 实验器材：DCS 4 手印检验工作站、马蹄镜、磁性刷、胶带、Photo-Shop 图像处理软件等。

2. 实验药品：睿鹰纳米磁性粉末，主要成分是四氧化三铁（Fe_3O_4）；睿鹰纳米粉末，主要成分是碳（C）。两种粉末平均粒径均为 20nm。

3. 实验客体：玻璃、瓷砖、塑料板。

（二）实验样本制作

挑选 20 名实验者（年龄集中在 18 岁~22 岁），以非渗透性客体为手印遗留客体。制作手印样本时，先用脱脂棉将非渗透性客体玻璃、瓷砖、塑料板表面擦拭干净，置于实验台上。实验者先在流水下用肥皂将手洗净，自然晾干，左右手拇指以适当压力在玻璃、瓷砖、塑料板等表面垂直捺印遗留汗潜手印。

（三）实验方法

分别用纳米粉末和纳米磁性粉末对 3 种客体上的手印进行刷显，然后在显微镜下观察、拍照、寻找、识别三级特征，比较汗孔、细点线、边沿形态、皱纹的反映形象。

（四）实验结果

用纳米粉末和纳米磁性粉末分别对瓷砖、玻璃、塑料板 3 种客体上遗留

的汗潜手印进行显现，指纹三级特征汗孔、细点线、边沿细节、皱纹等显现效果，见表6-3。从表6-3可以看出纳米磁性粉末的显现效果整体好于纳米粉末的显现效果，遂对纳米磁性粉末显出的不同客体上遗留的手印做进一步观察，比较汗孔、细点线、边沿形态、皱纹的显现效果。

表6-3　纳米粉末与纳米磁性粉显现三级特征效果比较

三级特征	玻璃		瓷砖		塑料板	
	纳米粉末	纳米磁性粉	纳米粉末	纳米磁性粉	纳米粉末	纳米磁性粉
汗　孔	+++	++++	++	+++	+	++
细点线	++	++	++	++++	+	++
边沿形态	++	+++	++	+++	++	+++
皱　纹	+	++	+	++	+	++

1. 汗孔在不同客体上的显现效果。在玻璃、瓷砖表面显出的乳突纹线连贯性强，汗孔数量较多，位置、形态、大小等均有一定反映；塑料板上显出的汗孔少，部分缺失，有的模糊，无法分辨形态（图6-5）。

  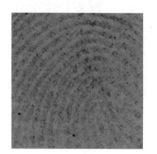

玻璃　　　　　　　　　　瓷砖　　　　　　　　　　塑料板

图6-5　汗孔在不同客体上的显现效果

2. 细点线在不同客体上的显现效果。在瓷砖表面显出的细点线连贯性强，数量多，形态、大小反映充分完整；塑料板表面显出的细点线有一定反映，但数量少，形态、大小反映不完整；玻璃表面细点线部分缺失、模糊，无法分辨形态（图6-6）。

玻璃　　　　　　　　　瓷砖　　　　　　　　塑料板

图6-6　细点线在不同客体上的显现效果

　　3. 边沿形态在不同客体上的显现效果。在玻璃、瓷砖表面纹线边沿形态反映效果好，凸起、凹陷位置、形态、大小均有反映；塑料板表面纹线边沿形态显现效果略弱，凸起、凹陷位置反映较好，形态、大小反映不充分（图6-7）。

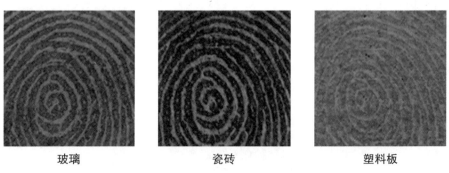

玻璃　　　　　　　　　瓷砖　　　　　　　　塑料板

图6-7　边沿形态在不同客体上的显现效果

　　4. 皱纹在不同客体上的显现效果。在玻璃、塑料板表面皱纹显现效果一般，皱纹失去了原来的形态，呈细线状，长度和宽度急剧减小，皱纹上下侧纹线间距变小，两侧末端纹线已经连接；在瓷砖表面皱纹本身较细小时，显现后趋于消失（图6-8）。

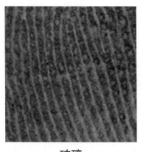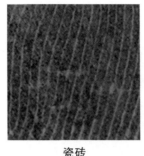

| 玻璃 | 瓷砖 | 塑料板 |

图 6-8　皱纹在不同客体上的显现效果

（五）讨论

1. 客体表面光滑程度是影响指纹三级特征显现效果的关键因素。在刷显过程中细小的纳米粉末在光滑的客体表面可以使汗孔等三级特征有效显现，而在粗糙的客体表面有可能使粉末聚集在微小的凹槽内，堵住部分汗孔，使得部分汗孔无法完全显出。边沿形态出现在纹线两侧，也受客体光滑程度影响。细点线、皱纹形态尺寸略大，受客体表面光滑程度的影响较小。所以玻璃表面平整、光滑，三级特征显现效果最好；瓷砖表面较平整、较光滑，显现效果较好；塑料板表面不平整、略粗糙、有细微的凹陷，三级特征显现效果一般。

2. 捺印压力大小对三级特征的显现效果影响明显。当压力较小时，乳突纹线与承受客体不能完全接触，造成纹线反映不实，汗孔位置可以显现出来，但部分纹线边沿形态、细点线、皱纹反映不完全。当压力较大时，纹线变形严重，乳突纹线变宽，小犁沟变窄，纹线间距小，汗孔收缩变形，小孔径汗孔显现不出来，纹线边沿形态变形，细点线和乳突纹线混为一体，无法区分，皱纹长度和宽度急剧减小，皱纹上下侧纹线间距变小。当压力适中时，纹线反映较实且连贯性好，显现出的汗孔清晰、数量多，纹线边沿形态清晰，细点线反映较好，皱纹可以反映原始状态，长短、粗细、形态反映清晰明显。

3. 粉末粒径大小对三级特征的显现效果有一定影响。纳米粉末颗粒较小，但并非粉末颗粒越小显现效果越好，纳米粉末粒径小于汗孔直径，在刷显时会造成粉末堆积，单个汗孔模糊不易识别，使汗孔特征的连续性遭到一定的破坏，但对纹线边沿形态、细点线、皱纹的显现效果影响不大。

4. 粉量多少对细点线的显现效果较为明显。本次实验中细点线的显现效果一般，分析认为细点线相对乳突纹线在高度上相差 $5\mu m \sim 65\mu m$，宽度上相差 $120\mu m \sim 360\mu m$。刷显过程中粉量多则容易造成细点线与周围的乳突纹线糊在一起，粉量少则反差不明显，不容易显出细点线。只有反复实验使粉量适中，才能较好显出细点线。

5. 操作方法对三级特征的显现效果有一定影响。显出手印后，对多余粉末的回收，采用磁刷吸附回收优于刷粉回收和弹粉回收。分析认为纳米粉末颗粒细小，刷粉和弹粉容易使纹线局部再次着粉，甚至小犁沟着粉，导致纹线模糊一片，所以合理的操作方法有利于提高三级特征的显现效果。

四、结论

利用纳米粉末显现出的手印纹线流畅、细腻，细节特征清晰，利用纳米磁性粉末显出的手印中，三级特征显现效果较为理想。客体表面的光滑程度、遗留手印时作用力的大小、着粉量的多少、操作方法的恰当与否等是影响显现效果的重要因素。

第三节　光学显现法

光学显现法是利用手印物质与承痕客体对光的吸收反射性能的差异，通过选择照射光线的入射角度、光谱波段、接收记录光线，通过控制亮度分布，增加手印纹线与承受客体背景之间的亮度反差，来显现潜在手印。

一、国内对汗孔特征的光学显现研究

刘微等人在《对暗视场显现指印汗孔细节特征的初步研究》一文中采用暗视场照明方法，显现光滑平面玻璃上的汗潜手印。实验结果表明，在暗视场照明方法中，具有混合反射性质的纹线物质越多，亮度就越高；纹线物质越少，亮度就越低。利用纹线与汗孔部位的物质数量差异，形成亮度反差，汗孔特征可以清晰地显现出来。

杨智诚等人在《采用短波紫外反射照相方法检验指印汗孔》一文中，利用短波紫外反射照相法显现玻璃、陶瓷、搪瓷、照片、油漆、塑料、地板砖、金属等光滑客体表面上的手印。实验结果表明，手印中汗孔特征与乳突纹线反差强烈、特征明显。研究认为，汗孔特征的显现效果与客体的光泽度有关，客体的光泽度越高，显现的效果越好。同时，显现效果与客体吸收短波紫外线的能力有关，客体吸收短波紫外线的能力越强，显现的效果越好。

二、国外对弹壳表面汗潜手印显现的光学设备研发

在涉枪案件中，嫌疑人在装弹、压弹过程中，手指与弹壳表面接触，留下汗潜手印。要利用弹壳上的手印，需要将手印显现出来并进行拍照。现在弹壳大多是以复铜钢、低碳钢镀铜为主要材质制造的圆柱形光滑客体，在这类客体上显现汗潜手印并拍照提取是个技术难题。对弹壳表面汗潜手印显现的主要方法有：多波段光源显现法、激光显现法、烟熏法、真空镀膜法、硝酸银法等。对圆柱形光滑客体拍照易产生光斑，实践中多采用定向反射拍照法、小角度掠入式多方位拍照法、Photoshop CS4 修复法、IPP 软件修复等，这些方法虽然取得一定的效果，但对设备和技术水平要求高，操作过程复杂，不易掌握，难以推广。

（一）弹壳手印显现系统的研发

2008 年 7 月英国莱斯特大学的 JohnBond 博士与其研究小组利用高压导电性能良好的粉末，涂抹在弹壳上进行通电显现手印。2013 年英国法司特（Consolite Forensics）公司与 John Bond 博士合作推出 Cartridge Electrostatic Recovery and Analysis Light，简称 CERA LT 系统。2019 年 1 月法司特公司又推出睿鹰 Recover 金属表面手印显现系统和 DCS5 手印检验工作站，用于解决金属表面手印提取的难题。使用该设备可以在弹壳上提取到清晰的指纹，并观察到汗孔等指纹三级特征（图 6-9）。

图6-9　弹壳表面汗潜手印三级特征显现效果

（二）弹壳手印显现系统的原理

手印汗液成分中的氯离子与空气中的氧气结合，可以使弹壳表面的黄铜材质发生电化学腐蚀（即吸氧腐蚀），开枪射击瞬间火药燃烧产生的高温会加速腐蚀的发生，手印就会"永久"遗留在弹壳表面，即使经泥土、水洗、擦拭及长时间储存，手印纹线也不会消失。传统手印显现方法依赖于客体表面手印纹线物质残留——汗液、油脂、污染物等，而此技术依赖于客体表面腐蚀痕迹特征。与常规潜在手印显现原理不同，该系统显现手印并非将弹壳表面残留的手印纹线物质从不可见变为可见，而是通过光学方法，设法清晰地观察汗液手印纹线物质对黄铜材质弹壳表面腐蚀所留下的印迹。

（三）弹壳手印显现系统的适用范围

1. 弹壳及其他圆柱形客体体部。直径 1mm～25mm、长 100mm 的圆柱体，如 0.22 英寸缘火式猎枪到 12 号猎枪的弹壳、螺丝刀杆、笔帽、不锈钢管均可检验，但客体外表面损坏的除外。

2. 弹壳及其他中空圆柱形客体底部。主要适用于弹壳底部弹道信息的复原，如弹底的撞针压痕等信息，并完整记录的弹壳底部图像。

（四）弹壳手印显现系统的构成

系统由硬件和软件两部分构成。

1. 硬件。由一个长圆形主机和一台计算机构成。主机外部尺寸为：485mm（长）×350mm（宽）×160mm（高），重量约为8kg。主机是一个封闭空间，外部有两个门——正门和侧门，正门在主机的正面右侧，可以上下开合，侧门在主机的左侧，可以旋转开合。主机内部由两部分构成，一部分由弹壳软爪卡盘、毛刷固定系统构成，这部分对应主机正门；另一部分是由一台摄像机和定制光源系统汇总构成，采用1000万像素高分辨率CCD图像采集系统及内置LED配光滤色系统，这部分对应主机侧门（图6-10）。

2. 软件。主要提供图像预览、图像拍照、图像增强等功能，可以进行控制弹壳旋转、调整摄像机位置、对焦；进行单幅或8幅360度弹壳拍照自动拼接，完成柱状展开；进行彩色图像转换为灰度图、反色、直方图调整、亮度、对比度、伽马值调整、图像90度逆时针旋转等，并提供数字滤波器、FFT快速傅立叶变换等操作。

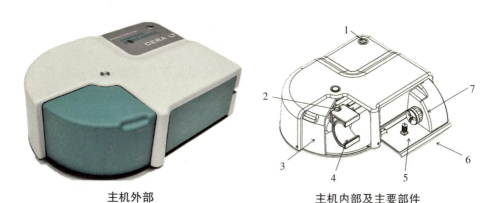

主机外部   主机内部及主要部件

1. 开/关键   2. 灯罩释放装置   3. 侧门   4. 灯罩

5. 毛刷固定系统   6. 正门   7. 软爪卡盘

图6-10 弹壳手印显现系统

三、课题组对弹壳表面指纹三级特征的光学显现研究

（一）实验器材

CERA LT弹壳手印检验系统、击发弹壳500枚（51式200枚、64式

300 枚）、未击发手枪弹 50 枚（51 式）、塑料笔帽、不锈钢笔帽等圆柱形客体。

（二）实验样本

1. 弹壳等客体表面自然接触遗留的陈旧手印。

2. 笔帽等客体上的新鲜手印，为增加反差，对笔帽等客体上遗留的手印前期进行磁性粉末刷显处理。

（三）实验方法

1. 开机装入检材。将弹壳等客体逐个放置在卡盘夹具内，弹壳底部向卡盘内，口部向卡盘外，向外侧拧紧夹具。点击预览界面的旋转按钮，卡盘旋转一周，目测检查样本是否水平、有无倾斜，注意确保弹壳与卡盘平面垂直、与旋钮轴线水平。

2. 实时图像预览。点击预览界面弹壳按钮，进入实时图像预览状态。调整摄像机位置、对焦、光源强度、截止滤色片等功能按钮，使计算机显示器中预览手印图像各处明暗均匀、对比度高、反差强、纹线清晰。

3. 图像数据拍照。点击预览界面的拍照控制按钮，点击相机 8 幅图片按钮及自动拼接按钮，进行弹壳 360°的 8 幅图片自动拍照、拼接完成柱面展开。

4. 取出检材、关机。点击主界面上方的相机按钮，先打开主机侧门，再打开主机正门，向内侧拧动卡盘夹具，取下弹壳。关闭主机正门和侧门，关闭 CFIS 工作软件。

5. 图像数据增强处理。点击图像增强处理按钮，除去图像中的纵向接缝线，调整均衡图像各处明暗，增强图像对比度，增加图像标尺，使图像达到最佳效果。

6. 将处理好的手印图像放大观察、拍照，寻找、识别手印中的三级特征。

（四）实验效果

CERA LT 系统对弹壳及圆柱形客体上遗留的汗潜手印进行显现，显现效果见表 6-4。

表6-4　CERA LT系统对汗潜手印显现效果比较

遗留客体	51式弹壳	64式弹壳	未击发51式弹壳	塑料笔帽	不锈钢笔帽
显现效果	++	++	+++	+++	+++

　　1. 弹壳表面陈旧汗潜手印三级特征显现效果。不论是51式弹壳，还是64式弹壳，其表面的汗潜手印，利用该系统光学方法显现后，乳突纹线有一定反映，显出的纹线有一定的连贯性，但纹线细节反映不足，边沿相对模糊，汗孔缺失。未击发的51式弹壳表面显出几条乳突纹线，局部显出少量汗孔（图6-11）。

51式弹壳显现效果1

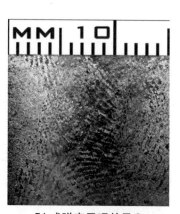

51式弹壳显现效果2

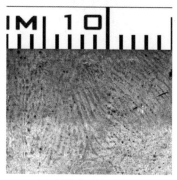

64式弹壳显现效果1

64式弹壳显现效果2

未击发51式弹壳显现效果1　　　　　未击发51式弹壳显现效果2

图6-11　弹壳表面汗潜手印三级特征显现效果

2. 笔帽表面新鲜汗潜手印三级特征显现效果。笔帽表面的汗潜手印刷显后，利用该系统光学方法提取手印，乳突纹线连贯性强，汗孔有一定反映，但手印纹线边沿相对模糊（图6-12）。

塑料笔帽显现效果　　　　　　　　不锈钢笔帽显现效果

图6-12　圆柱形客体表面汗潜手印三级特征显现效果

（五）讨论

1. CERA LT系统可以显现出陈旧弹壳等圆柱形客体上遗留的汗潜手印。未击发子弹上的纹线显现效果好于击发弹壳上纹线的显现效果，甚至汗孔有一定反映。分析认为未击发弹壳上只有汗液侵蚀，没有火药气体侵蚀覆盖，个别汗孔特征得以保存。

2. CERA LT 系统拍摄圆柱体 8 幅展开图片以彩色图像形式保存，纹线边沿信息反映丰富。图片连接处会有纵向接缝，利用系统图像增强软件处理后，接缝去除，纹线连贯自然，无光斑，效果好。

3. 对笔帽等圆柱形客体，需要先按照常规方法显现再用该系统拍照，用粉末法刷显可能会堵塞部分汗孔。

四、结论

对于圆柱形客体表面汗潜手印三级特征的光学显现，可以使用 CERA LT 弹壳手印显现系统。该系统具有操作简单、快速安全、无需化学试剂、显现效果明显的特点，可以作为圆柱形客体表面汗潜手印显现的一种方法。

第四节　热致荧光成像显现法

在案件现场提取的纸张等渗透性客体上的汗潜手印，常用的显现方法主要有碘熏法、茚三酮法、DFO/茚二酮法、硝酸银法等，这些方法经过长期实践取得了较好的显现效果。但显现试剂破坏检材原始形貌，且化学试剂有毒有害，给技术人员健康造成损害。

一、国外对热致荧光成像系统的研究

热致荧光法显现纸张上汗潜手印的研究始于 20 世纪 40 年代，法庭科学家们发现火灾过后大量纸质材料上可反映出清晰可见的手印，这种现象引起高度关注，开始使用熨斗、电吹风、铁板等简易设备显现手印，但效果较差。

2009 年澳大利亚悉尼科技大学 Adam G. Brown 等人发现，对渗透性客体（尤其是纸张）进行红外热成像处理后，客体上的汗潜手印在多波段光源激发下可显出荧光，持续处理一段时间后，汗潜手印在自然光下清晰可见，在短波紫外光源激发下也有清晰的纹线。

2011 年由英国 Foster Freeman 公司研制出 TFD-2 纸张手印快速显现系统，简称 TFD-2 系统，该系统是由显现系统和观察拍照系统组成（图 6-

13）。利用红外热成像技术对纸张上汗潜手印中遗留的氨基酸进行热解，受热发生脱羧反应或脱氨反应，生成具有荧光结构的物质 2，5- 呋喃二酮和马来酰亚胺。同时纸张纤维素在一定时间的加热处理后，产生热降解而发出荧光，汗潜手印物质中氨基酸会加速纸张纤维素的热降解，使留有手印部位比其他部分降解的速度快，从而使手印与客体背景产生反差而显出手印。将显出的手印置于蓝绿光（波长 415nm～510nm）下激发，在橙色护目镜下观察，即可显出较强的黄色荧光手印（图 6-13）。

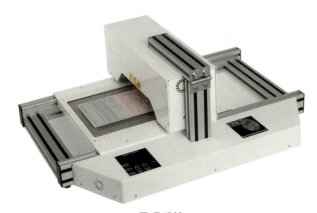

显现系统

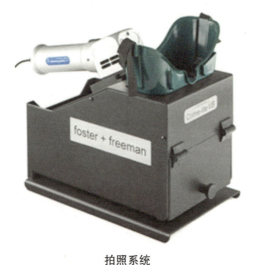

拍照系统

图 6-13　TFD-2 纸张手印快速显现系统

二、国内学者对 TFD-2 纸张手印快速显现系统的应用

徐威等人在《TFD-2 纸张手印快速显现系统的应用》一文中，利用 TFD-2 系统在红外热成像方法处理后，经长波紫外和短波紫外观察激发荧光，新鲜和陈旧手印均有较好的显现效果。曹辉等人在《TFD-2 与茚三酮显现纸张上汗潜手印效果的比较研究》一文中，用 TFD-2 系统与茚三酮两种方法进行比较研究，分别显现复印纸、面巾纸、牛皮纸信封、报纸、笔记本内页等常见客体上的汗潜手印，认为在复印纸上 TFD-2 系统和茚三酮显现效果相当，在面巾纸上 TFD-2 系统显现效果好于茚三酮，在牛皮纸信封上 TFD-2 系统显现效果差于茚三酮，在报纸和笔记本内页上茚三酮显现效果略好于 TFD-2 系统。陈全民等人在《TFD-2 纸张手印快速显现系统的实验研究》一文中，认为该系统对常见各类纸张不同遗留时间的汗潜手印均有较好的显现效果，并且显现过程不会破坏手印纹线，可继续通过茚三酮、DFO 增强处理。李孝君在《热致荧光法与传统手印显现方法的相互影响研究》一文中，发现热致荧光显现手印不影响后续采用传统显现方法的显现效果，并在一定程度上对传统显现方法起到增强作用，但是传统方法显现手印后会影响热致荧光法的处理效果。

三、课题组采用热致荧光法显现三级特征的实验研究

（一）实验器材

TFD-2 系统、A4 纸、彩色印刷品、牛皮纸、笔记本、信纸、热敏纸、报纸、卫生纸。

（二）实验样本制作

实验选取汗孔较为明显的实验对象捺印手印，采用适当的力度，分别在 A4 纸、彩色印刷品、牛皮纸、笔记本、信纸、热敏纸、报纸、卫生纸等实验客体表面垂直捺印汗潜手印，手印分别放置 1 小时、24 小时。

（三）实验方法

根据已有实验结果设置最佳实验条件，选定 100% 的输出功率，载物台流速与显现次数分别是：

A4 纸：2000mm/min+1750mm/min；

彩色印刷品：2000mm/min 3 次；

牛皮纸：2000mm/min 3 次（自定）；

笔记本：1750mm/min 2 次；

信纸：2000mm/min+1750mm/min；

热敏纸：2000mm/min 2 次（自定）；

报纸：2000mm/min 2 次；

卫生纸：2000mm/min 2 次。

1. 将捺印有手印的样本分别置于 TFD-2 系统的载物台上，根据选定的载物台流速进行显现。

2. 显现后的样本可以在拍照系统下用波长 450nm~510nm 的激发光源激发，显出橙色荧光手印后，观察其荧光强度进行拍照。

3. 显现后的样本也可以在自然条件下，静置几分钟手印呈棕褐色后，在自然光下观察拍照。

4. 最后样本可以在 254mm 短波紫外光源下观察拍照。

5. 在以上观察拍照完成的图片上，寻找、识别手印中的三级特征。

（四）实验结果

TFD-2 系统对 8 种纸质物品上遗留的汗潜手印进行显现拍照，效果见表 6-5 。

表 6-5 TFD-2 系统对汗潜手印显现效果比较

遗留时间	A4 纸	彩色印刷品	牛皮纸	笔记本	信 纸	热敏纸	报 纸	卫生纸
1 小时	+++	+++	+++	++	++	+	+	−
24 小时	++	++	++	++	+	−	−	−

1.1 小时新鲜汗潜手印三级特征显现效果。1 小时新鲜汗潜手印经 TFD-2 系统红外热成像方法显现后，有较好的显现结果，乳突纹线清晰，三级特征有一定的反映。如 A4 纸、彩色印刷品、牛皮纸上显出的手印，乳突纹线连贯性强，汗孔数量较多；笔记本、信纸显出的手印，乳突纹线边沿较清晰，汗孔有一定反映；热敏纸显出的手印乳突纹线边沿相对模糊，

汗孔较少；报纸上显出的手印乳突纹线和汗孔模糊或缺失；卫生纸表面显出的汗潜手印，乳突纹线微弱，无法显出汗孔（图6-14）。

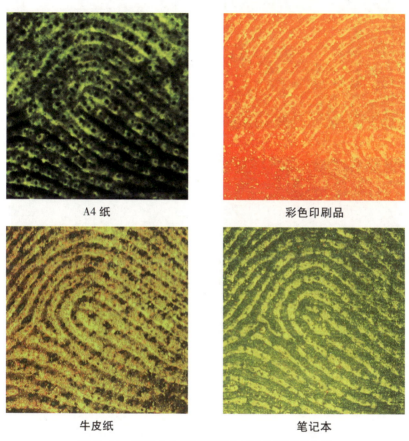

A4 纸　　　　　　　　　　彩色印刷品

牛皮纸　　　　　　　　　　笔记本

图6-14　遗留1小时汗潜手印三级特征显现效果

2. 24 小时较新鲜汗潜手印三级特征显现效果。24 小时后，A4 纸、彩色印刷品显出手印纹线的连贯性、清晰度、能见度略有下降，汗孔数量少，无形态大小反映；牛皮纸、笔记本显出的手印，整体反差弱，可以观察到纹线的轮廓，汗孔模糊；信纸、热敏纸略有纹线，其他特征不明显；报纸、卫生纸无法显出手印（图6-15）。

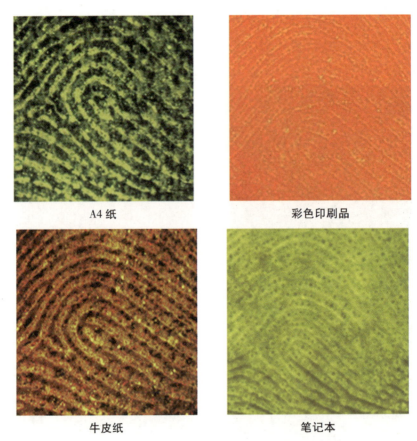

A4 纸　　　　　　　彩色印刷品

牛皮纸　　　　　　　笔记本

图 6-15　遗留 24 小时汗潜手印三级特征显现效果

（五）讨论

1. 实验中纸张的性质结构、粗糙程度、薄厚、汗液量的多少、遗留时间的长短、作用力的大小等均会不同程度影响显现效果，应根据具体情况，灵活调整 TFD-2 系统的参数。

2. TFD-2 系统的参数主要是输出功率和加热速度。本次实验采用 100% 输出功率，在今后的实验中可以根据手印遗留情况，从低到高依次调整输出功率。不同检材加热速度的设置可以参考已有研究，也可以根据需要自行设定。对报纸、卫生纸等渗透性强的客体，注意纸张的变化，以免纸张变黄变脆，破坏检材。

3. 显出手印后的观察顺序：先在荧光下观察，持续处理一段时间后手印呈棕褐色可在自然光下观察，最后在短波紫外光源下观察，三个阶段均可以拍照固定。

四、结论

TFD-2 系统采用红外热成像技术显现常见纸张上汗潜手印，具有速度快、灵敏度高、操作简单等特点。不同纸张的性质结构、手印的新鲜程度、操作的熟练程度等对手印显现效果影响较大。新鲜渗透性客体表面汗潜手印中的三级特征，使用该方法有一定的显现效果。

第五节　微量加热成像显现法

热敏纸是一种含有成色材料、经热信号刺激而显色的信息记录纸，目前已在通信、商业、超市、银行、医院、机场等各个领域得到了广泛的应用。在各类案件现场中，热敏纸大量存在，显现热敏纸上可疑手印的需求越来越大。传统的碘熏法、硝酸银法、茚三酮/DFO 法、茚二酮荧光法效果良好，但存在化学试剂破坏检材、污染环境、操作工艺复杂等问题。

一、热敏纸手印显现系统的研发应用

英国 Consolite Forensics 公司研制出针对热敏纸表面汗潜手印显现的专门设备 Hot Print System，简称 HPS 系统（图 6-16），2012 年由瑞源公司正式在中国推出。该系统经过微量加热及光学探测，在不破坏热敏纸的前提下显出手印，在一次显现效果不佳的情况下，还可多次显现达到最佳显现效果。

图 6-16　HPS 热敏纸手印显现系统

　　热敏纸表面在制造过程中会预置无色染料和酸性显色剂。受热后，酸性物质中的氢离子释放出来，与无色染料发生化学反应，显出黑色。遗留在热敏纸表面汗潜手印中的氨基酸（即赖氨酸）含有氢离子，在微量受热的条件下，同样会与无色染料发生化学反应，显出黑色。热敏纸中留有手印纹线的部位，显出黑色所需的热量（即温度）要低于没有纹线的空白部位显出黑色所需的热量。利用温度差，HPS 系统通过微量加热，使有纹线的部位先变黑，无纹线的部位未能变黑而显出手印。HPS 系统盖板内部有光学传感器，探测整张热敏纸变黑的程度，自动控制加热时间，以免造成显现过度。

二、课题组采用微量加热法显现三级特征的实验研究

（一）实验器材

　　HPS 热敏纸手印显现系统、4 种热敏纸（宽度 55.4mm～56.7mm），分别标记为样本 1、样本 2、样本 3、样本 4（样本 1 厂家为随设备赠送，样本 2～4 在批发市场购买）。

（二）样本制作

　　实验选取汗孔较为明显的实验对象捺印手印，以热敏纸为手印遗留客体。制作样本时，除正常的排泄的脊线汗外，用手指轻轻摩擦额头，取部分皮脂汗。用适当的力度，在热敏纸表面垂直捺印汗潜手印。热敏纸分别放置 1 小时、24 小时。

（三）实验方法

1. 将放置 1 小时的热敏纸，置于 HPS 系统的热处理板上（一次放一张），热敏纸正面即怀疑有潜在手印的一面朝上，盖上盖板，启动加温流程。

2. 利用 HPS 系统对每个样本进行一次或重复多次显现，直至显现效果最佳为止。手印显现后，在显微镜下观察、拍照，寻找、识别手印中的三级特征。

3. 将放置 24 小时的热敏纸，重复上面两个步骤。

4. 分析、比较遗留时间变化对热敏纸上新鲜或较新鲜汗潜手印显现效果的影响。

（四）实验结果

对 4 种热敏纸上遗留的汗潜手印进行显现，效果见表 6-6。

表 6-6　HPS 系统对汗潜手印显现效果比较

遗留时间	样本 1	样本 2	样本 3	样本 4
1 小时	+++	++	++	+
24 小时	++	+	+	+

1. 1 小时新鲜汗潜手印三级特征显现效果。新鲜的汗潜手印经 HPS 系统显现后，乳突纹线整体结构明显，三级特征有一定的反映。如样本 1 中显出的手印反映乳突纹线清晰，纹线边沿形态有一定反映，汗孔数量较多。样本 2、3 显出的手印乳突纹线连贯性强，纹线边沿相对模糊，三级特征汗孔数量少、模糊不清。样本 4 显出的乳突纹线反差弱，纹线少，没有汗孔等三级特征（图 6-17）。

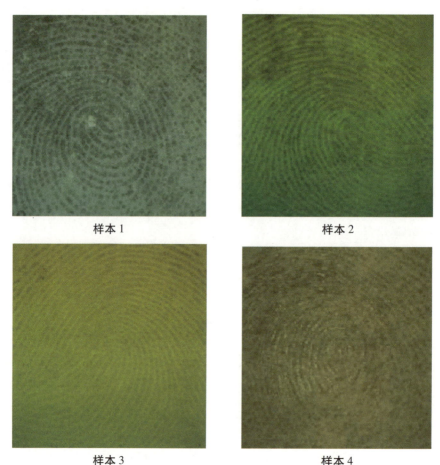

样本 1　　　　　　　　　　　　样本 2

样本 3　　　　　　　　　　　　样本 4

图6-17　遗留1小时汗潜手印三级特征显现效果

2.24 小时较新鲜汗潜手印三级特征显现效果。24 小时后，样本 1 显出手印纹线的连贯性、清晰度、能见度略有下降，汗孔数量少；样本 2、3、4 显出的手印，整体反差弱，可以观察到纹线的轮廓，细节特征反映不明显，汗孔无法显出（图6-18）。

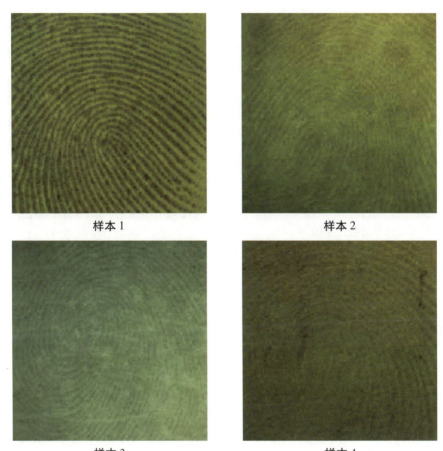

样本 1　　　　　　　　　　　　　　样本 2

样本 3　　　　　　　　　　　　　　样本 4

图 6-18　遗留 24 小时汗潜手印三级特征显现效果

3. 不同汗液成分的显现效果。实验显出的脊线汗手印与皮脂汗手印纹线连贯，细节特征反映明显。脊线汗手印显现后可以观察到汗孔且汗孔数量多、明显，纹线边沿形态反映清晰，整体反差较好；皮脂汗手印显现后汗孔不明显，纹线边沿形态不清晰，能见度低，整体反差弱。脊线汗手印优于皮脂汗手印显现效果（图 6-19）。

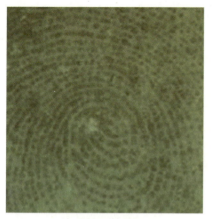

脊线汗手印　　　　　　　　　　皮脂汗手印

图 6-19　不同汗液成分手印显现效果

（五）讨论

1. HPS 系统通过微量加热对 4 种热敏纸上新鲜与较新鲜的汗潜手印均有一定的显现效果，新鲜手印显现效果好于较新鲜手印。热敏纸虽然有保护层，但总体上说属于渗透性客体，热敏纸上新鲜汗潜手印中的三级特征显现效果较好。随着汗液渗透及蒸发，遗留有一定时间的较新鲜手印中三级特征显现效果不佳。

2. 不同的热敏纸成分对手印显现效果有一定影响。样本 1 是随设备进口带来，样本 2、3、4 是在国内购买，4 种热敏纸的成分配比有一定不同，影响显现效果。

3. 利用 HPS 系统在一次显现效果不佳的情况下，可以多次加热显现，达到最佳显现效果，但随着显现次数的增加热敏纸会变黄变脆，汗孔显出数量变少，甚至反映不出来，经测试在 HPS 系统中同一张热敏纸显现次数不宜超过 5 次。

4. 本实验均为对 HPS 系统显现后的手印直接观察拍照，目的是考察显现方法本身对汗潜手印三级特征的反映能力，避免染色带来的误差。个别图片经过 Photoshop 软件处理，增强了反差，有助于手印三级特征的观察。

三、结论

HPS 系统通过微量加热成像的方法显现热敏纸表面遗留的汗潜手印，

具有无需化学试剂、操作简单、快速安全、显现效果较明显的特点。HPS系统对于热敏纸客体表面汗潜手印中的三级特征也有一定的显现效果。

第六节　明胶片提取法

刑事案件现场手印遗留在表面粗糙、弯曲、背景干扰严重等疑难客体上时，采用常规的粉末刷显法或"502"胶熏显法有较好的显现效果。显现后手印需要使用透明胶带转印提取，操作繁琐、易起气泡，对检材也有一定的破坏。

一、国外对手印提取胶片的研制

20世纪60年代，荷兰BVDA公司开始致力于痕迹提取材料的研制，先后开发出一系列痕迹Gellifters提取胶片，应用于汗潜手印、灰尘足迹、血渍痕迹、文字压痕等物证的提取。针对不同的手印物质及提取后增加反差的需要，开发出黑色、白色、透明等三种不同色调的提取胶片，又称明胶片。提取后的手印，在专用的GLScan扫描仪中进行扫描（扫描精度1000ppi~1350ppi），可以获得较好的提取效果（图6-20）。

水杯上的汗潜手印明胶片直接提取

电池上的汗潜手印明胶片粘取减薄后"502"胶熏显效果

图 6-20　Gellifters 胶片提取效果

二、国内对手印提取明胶片的研制

20 世纪 90 年代，我国学者金忠极开发出"背胶纸"、吕建中研制出"Dust Trace 胶纸"、孙永泰研制出"刑侦用胶纸"等一系列胶纸类手印提取材料。由于胶层厚度及基材强度等方面的不足，这些产品未能获得广泛的应用。

2014 年公安部物证鉴定中心开始研制手印提取材料，历经 3 年时间开发出"现场手印胶片提取系统"。该系统由凝胶型快速手印提取胶片、扫描成像仪、手印 DNA 及微量物证盒等三部分构成。经过原貌拍照→痕迹粘取→粘取后处理→扫描成像→证据封存→DNA 及微量物证检验等一系列操作完成现场痕迹的高效无损提取。

经过大量实验证明，明胶片可以直接提取于光滑、粗糙等多种客体表面的痕迹，还可以提取粉末刷显、"502"熏显后的手印等。根据遗留手印物质的多少，明胶片可以在客体表面多次粘取减薄后直接提取手印，也可以在粘取减薄后进行"502"熏显提取手印。对重叠手印明胶片也有一定的分离作用，另外，明胶片提取手印后还可以继续提取 DNA（图 6-21）。

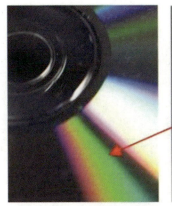

DVD 光盘表面汗油手印提取

塑料文件夹表面汗油手印提取

灯泡表面汗油手印提取

纸杯表面汗油手印提取

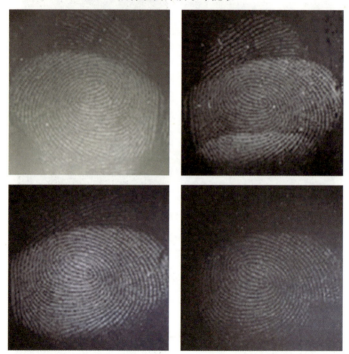

重叠手印明胶片分离提取

图 6-21　明胶片提取手印效果（公安部物证鉴定中心）

三、课题组采用明胶片提取三级特征的实验研究

（一）实验器材

明胶片（荷兰 BVDA 公司生产）、手印胶片扫描成像仪、玻璃、皮革座椅、弹壳、球形锁、压缩板、铜版纸、木质桌腿、纸杯等。

（二）样本制作

制作手印样本时，实验者随机挑选，直接将手指按照正常接触物体的力度，在玻璃、皮革座椅、弹壳、球形锁、压缩板、铜版纸、木质桌腿、纸杯等实验客体表面垂直捺印汗潜手印。

（三）实验方法

手印样本分别放置 1 小时、24 小时，将明胶片裁切适当大小，将表面 PET 保护膜撕开，从一端开始将明胶片粘附于手印样本客体表面，沿一个方向轻轻推平，使胶体紧密贴敷于客体表面，待完全覆盖手印后，从一端揭下明胶片，粘面向上。将明胶片置于手印胶片扫描成像仪中扫描，对图像进行观察、拍照，寻找、识别手印中的三级特征。

（四）实验结果

用明胶片对捺印在玻璃、皮革座椅、弹壳、球形锁、压缩板、铜版纸、木质桌腿、纸杯等客体表面的汗潜手印直接粘附提取，提取效果见表 6-7。

表 6-7　明胶片对汗潜手印提取效果比较

遗留时间	非渗透性客体					半渗透性客体		
	玻璃	皮革座椅	弹壳	球形锁	压缩板	铜版纸	木质桌腿	纸杯
1 小时	++++	+++	+++	++++	+++	+++	+++	+++
24 小时	++	−	+	++	+	+	−	+

1. 1 小时新鲜汗潜手印三级特征提取效果。1 小时明胶片对非渗透性客体表面汗潜手印有较好的提取效果。玻璃、球形锁表面提取的手印与背景反差大，乳突纹线连贯性强，边沿形态清晰，汗孔数量多，汗孔在乳突纹线上的位置清晰可辨。皮革座椅、弹壳表面提取的手印乳突纹线连贯性强，边沿形态有一定反映，汗孔数量较少，汗孔位置不易分辨。

　　1 小时明胶片对半渗透性客体表面汗潜手印也有较好的提取效果，压缩板、铜版纸、木质桌腿、纸杯等客体表面提取的手印乳突纹线连贯性强，边沿形态清晰，汗孔数量多，汗孔在乳突纹线上的位置清晰可辨（图6－22）。

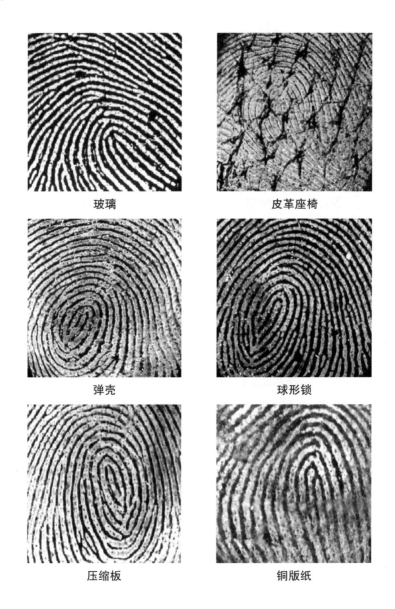

<table>
<tr><td>玻璃</td><td>皮革座椅</td></tr>
<tr><td>弹壳</td><td>球形锁</td></tr>
<tr><td>压缩板</td><td>铜版纸</td></tr>
</table>

木质桌腿　　　　　　　　纸杯

图 6-22　明胶片提取遗留 1 小时汗潜手印三级特征效果

2. 24 小时较新鲜汗潜手印三级特征提取效果。24 小时明胶片对非渗透性客体表面较新鲜汗潜手印提取有一定的效果。玻璃、球形锁表面提取的手印与背景有一定的反差，乳突纹线开始模糊，边沿形态有一定反映，汗孔数量少，汗孔在乳突纹线上的位置不清晰。弹壳表面手印纹线间断，纹线边沿反映不清。皮革座椅表面无法提取到手印。

24 小时明胶片对半渗透性客体表面汗潜手印提取效果较弱。压缩板、铜版纸表面提取的手印乳突纹线整体反差弱，无法发现汗孔。纸杯表面手印纹线略有反映，其他特征不明显。木质桌腿表面无法提取到手印（图 6-23）。

玻璃　　　　　　　　　　球形锁

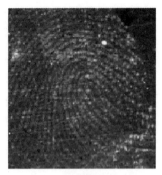

压缩板　　　　　　　　　　　铜版纸

图 6-23　明胶片提取遗留 24 小时汗潜手印三级特征效果

（五）讨论

1. 实验表明无论是平面客体还是曲面客体，明胶片提取手印均取得较好的效果，三级特征反映也较充分。分析认为明胶片柔软、粘度适中且胶体层弹性较好，粘附手印时可以有效克服客体表面粗糙、多色、立体花纹等背景的干扰，克服曲面弧度的干扰，完整覆盖手印客体表面提取手印。

2. 明胶片粘附提取客体表面的手印时，对新鲜的非渗透性客体表面手印提取质量优于半渗透性客体表面手印提取质量。分析认为手印物质中的汗油等液态成分在纸、木等半渗透性客体表面渗透速度较快。当手印遗留一段时间后，手印物质液态成分挥发或渗透，客体表面手印物质量也会减少，仅剩散落的皮屑、灰尘等固体成分。对渗入客体内部的手印物质，明胶片难于粘取，致使提取效果下降，甚至丧失。

3. 实验中明胶片提取的手印直接扫描成像，避免了拍照可能出现的背景干扰、反光、光斑、变形等问题，使明胶片提取的手印质量较高，个别图片反差不够大、手印纹线略有不清，但不影响手印三级特征的观察。

4. 当遇到加层手印时，明胶片表面粘附乳突纹线上汗灰等手印物质杂质，对光有漫反射作用，小犁沟空白处胶面对光有吸收及定向反射作用，明胶片提取的手印，乳突纹线为白色、背景为黑色。当遇到减层手印时，明胶片提取的手印，乳突纹线为黑色，背景为白色。

5. 明胶片较厚的胶质层减少了气泡的产生，较低的粘性不会破化物证表面，最大限度保持物证原始状态。明胶片无损的提取方式，不影响 DNA

的提取，对技术人员安全无害。

四、结论

明胶片提取非渗透性客体表面新鲜手印有良好的效果，手印中的三级特征反映充分，汗孔明显；对半渗透性客体表面遗留的新鲜手印也有较好的提取效果，手印中的三级特征有一定的反映。明胶片提取现场手印具有快速方便，操作简单、适用范围广、提取效果好、绿色环保等特点，配合扫描系统可以实现现场手印快速成像，使高速高质量提取现场手印成为现实。另外利用明胶片还可以提取鞋印、工具痕迹、DNA 等多种物证，明胶片将成为物证提取的新途径。

第七节　感湿聚合物识别法

2014 年 4 月 29 日英国《自然—通讯》杂志上发表了韩国首尔大学金仲曼及其研究团队的一篇论文《感湿聚合物辅助识别指纹汗孔》，该团队利用一种新型感湿聚合物 PDA 来识别指纹汗孔（简称 PDA 法）。作为一种汗孔识别新技术，本节对该研究的一些内容做简要介绍（注：本节图片来源于该论文）（图 6-24）。

图 6-24　金仲曼及其研究团队所发论文

一、PDA 感湿变色原理

在电荷 PDA 传感器系统设计保护层方法和组合方式，使 PDA 的头基部位具有吸湿性元素。当高聚物 PDA 接触水时，就会发生神奇般的快速由蓝变红的结构变化。PDA 在水溶性氢氧化铯溶液中搅拌生成透明凝胶，可制成 PET 薄板，在 254 纳米紫外线照射下，形成蓝色聚合物（PCDA-Cs）薄板。

二、PDA 亲水性测试

当人向薄板哈气时，薄板迅速由蓝变红。当冰块接触薄板时，薄板也迅速由蓝变红。当 PCDA-Cs 水悬浮液置入喷墨打印机墨盒后，可以在 PET 薄板上打印图像，但不可见（单体 PCDA-Cs 不吸收可见光），用紫外灯照射，图像呈蓝色显出，接触水后，图像瞬间由蓝变红。当圆珠笔在薄板上书写时，笔迹处由蓝变红，把薄板加热到 100℃时，字迹消退，冷却至室温时，字迹出现，由此可见薄板遇水变色、热致可逆的特性（图 6-25）。

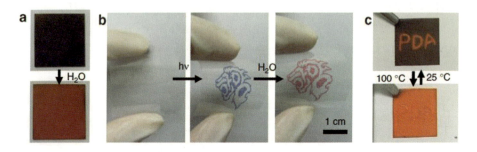

图 6-25　PDA 材料亲水性测试

三、PDA 识别指纹汗孔测试

当手指捺印在薄板上后，接触部位瞬间由蓝变红，在光学显微镜下观察，发现许多红点（这些红点就是汗孔所在位置）；在荧光显微镜下观察，红点发光可以构成一副完整的指纹图像（图 6-26）。

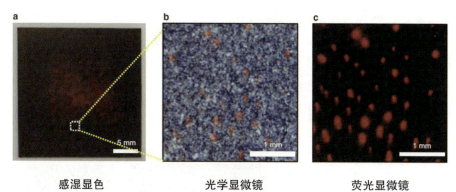

感湿显色　　　　　　光学显微镜　　　　　　荧光显微镜

图 6-26　PDA 法显色后，汗孔在不同显微镜下的反映

四、PDA 对汗孔活跃程度测试

测试不同时间段内在薄板上捺印显出的汗孔，其活跃性是否稳定。利用扫描法采集汗孔样本作为汗孔活跃性测试的参照，汗孔为黑色点。PDA色彩转换生成的红点是从活跃汗孔中分泌的水分形成的，而不活跃汗孔未泌水分而不出现红点。把扫描法与 PDA 法显出的汗孔叠加，可以很容易看到红黑点重叠处为活跃汗孔，黑点（蓝色圈内的点）为不分泌汗水的汗孔，而有的汗孔为不连续分泌水分，时有时无，用黄色的点表示（图 6-27）。

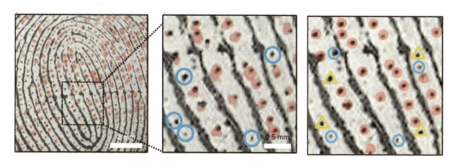

扫描法与 PDA 法显出汗孔的叠加与放大

红点：活跃汗孔　黄点：不连续分泌汗孔　蓝圈：不活跃汗孔

图 6-27　汗孔活跃程度的反映

五、PDA 法与茚三酮法显现汗孔效果的比较实验

同一手指用 PDA 法获得红色荧光汗孔图像，用茚三酮染色获得蓝紫色汗孔图像。将 PDA 背景转换为浅色，茚三酮汗孔位置转换为黑色，转换后的汗孔位置模型进行重叠比较，二者极为匹配。进一步观察汗孔反映的质量差别，发现茚三酮未显出的汗孔，PDA 法可以清晰准确的显出汗孔（图 6-28）。

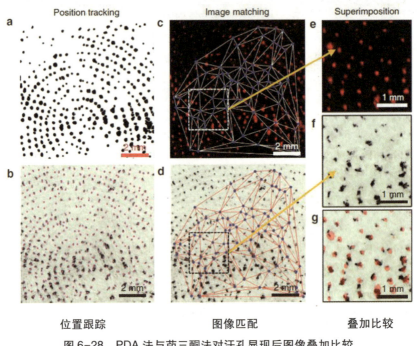

图 6-28　PDA 法与茚三酮法对汗孔显现后图像叠加比较

金仲曼研究团队利用感湿聚合物 PDA 亲水性强、反应迅速、灵敏度高的特点进行实验研究，证实指尖上微米大小的汗腺孔分泌出的极少量（亚纳米）水分就能瞬间（<20 微秒）发生变色反应，可用于指尖活跃汗孔的精确捕捉，从而建立指纹汗孔图像。利用感湿聚合物的特点还可对汗孔是否活跃、汗孔是否堵塞做出医学临床诊断。

利用感湿聚合物 PDA 技术识别汗孔，进而显出手印的方法，给手印显现提供一种新思路，有一定的现实意义。但感湿聚合物 PDA 识别的是活跃

汗孔，对于不活跃汗孔无法识别，可能会造成识别不够全面，汗孔特征遗漏的问题。另外手印遗留客体的性质、遗留时间、汗液量分泌多少等对显现效果的影响，没有进一步实验；PDA 试剂配制、PET 薄板制作工艺等没有更详细的介绍。

第七章

指纹三级特征样本的采集

样本手印是为了查证现场手印的遗留者、手印建档及查明无名尸体身源而对有关人员收取的手印。样本手印质量直接关系到手印的分析、比对、检索、鉴定的准确性。指纹三级特征作为指纹的微观结构特征，其细微、反映性弱并受多种因素影响的特点，使采集到高质量的三级特征并非易事，需要探索实践。

第一节　汗孔采集方法筛选

一、常规方法采集汗孔样本效果

目前，常规的指纹采集方法主要是油墨捺印盒法和活体采集仪法（简称油墨法和采集仪法）。两种方法均可以采集到清晰、完整、不变形的指纹，满足指纹鉴定的需要。观察 2 种方法采集的指纹中汗孔特征反映情况发现，油墨法采集的指纹可以观察到部分汗孔位置，而汗孔形态、大小等反映不清楚，模糊，甚至反映不出来。采集仪法采集的指纹图像分辨率为500ppi，放大观察时纹线清晰度不够，汗孔位置大体可以作判断，而汗孔的形态、大小模糊不清，无法识别。

二、课题组对汗孔样本采集方法的实验研究

在 2 种常规采集方法的基础上，课题组用油画颜料玻璃板采集法、石墨转印胶带粘取法、扫描仪扫描法、显微镜直接拍照法等 6 种方法（图 7-1），对指纹汗孔进行采集，比较采集效果。

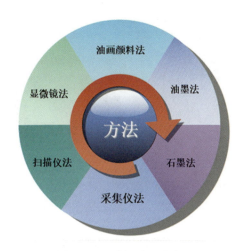

图 7-1　6 种汗孔采集方法

（一）实验器材

1. 海鑫 HX-R8062U 标准型活体指纹采集仪（分辨率 500ppi）、惠普 LaserJet Pro M1136 扫描仪、KH-7700 型三维视频显微镜，简称设备采集方式（图 7-2）。

活体指纹采集仪

扫描仪

三维视频显微镜

图 7-2　3 种采集指纹汗孔设备

2. ZNY-V 掌纹捺印盒（高分子微孔陶瓷渗透墨板、硬质）、指纹捺印盒（微孔橡胶渗透墨板、软质）、马利牌煤黑油画颜料、3mm 厚 24cm×14cm 透明玻璃板、油辊、十指指纹卡、中华牌铅笔（H 系列 H、2H、3H、4H、6H；B 系列 B、2B、3B、4B、6B 及 HB、特效绘画、素描专用等）、天章 70g/A4 复印纸、CRYSTAL CLEAR 指纹胶带，简称手工采集方式（图7-3）。

捺印盒

油辊、油画颜料

铅笔（石墨）、胶带

图7-3　3种采集指纹汗孔材料

（二）实验方法

河南警察学院学生及志愿者 100 人（男性 60 人、女性 40 人），年龄（16 岁~65 岁），双手洗净，自然晾干，手指汗液分泌旺盛者轻轻擦拭，汗少者左右手握空拳，十指互不接触，略微伸张运动。根据郭少波等人研究表明，轻压（20N~80N），三面滚动、适量油墨等情况下汗孔采集效果好，遂采用以上条件按照下列 6 种方法，分别采集 100 人的十指指纹。

1. 采集。

（1）油墨法。手指分别在硬质陶瓷捺印盒与软质橡胶捺印盒上蘸取油墨，采用以下方式操作：直接捺印在指纹卡上；用胶带沾取手指上的油墨，贴在指纹卡上。

（2）油画颜料法。挤出适量黑色颜料，用油辊在玻璃板上推开至半透明状，采取以下方式操作：其一，手指蘸取玻璃板上的颜料后，捺印在指纹卡上；其二，手指蘸取玻璃板上的颜料，用胶带沾取手指上的颜料，贴在指纹卡上；其三，油辊蘸取颜料在手指上滚动，手指再捺印在指纹卡上。

（3）石墨法。将各种型号的铅笔采取以下方式操作：其一，在 A4 白纸上反复均匀摩擦，由于铅笔笔芯主要成分为石墨，就形成一定面积的石墨客体，约 10cm×10cm。手指在遗留有石墨的部位摩擦，充分接触石墨后，用胶带粘取手指上的石墨，贴在指纹卡上。其二，铅笔笔芯石墨直接涂在手指上反复摩擦后，胶带粘取手指石墨，贴在指纹卡上。

（4）采集仪法。手指在活体采集仪上三面滚动，获取指纹电子图像。

（5）扫描仪法。将手指直接放在扫描仪上，设置分辨率为 600ppi、

1200ppi、2400ppi，TIFF 格式，进行扫描获取指纹电子图像。

（6）显微镜法。将手指直接放在显微镜下，放大 10~50 倍观察获取指纹电子图像。

2. 拍照。将油墨法、油画颜料法、石墨法采集到的指纹在物证检验仪下放大，用环形光、侧光拍照。通过胶带粘取的指纹及显微镜法采集的指纹需"镜像"，转换成符合常规观察习惯的指纹。6 种方法采集到的指纹保存为同比例图像。

3. 比较。首先，将同一方法不同操作步骤采集到的指纹汇集到一起，找出最优操作步骤；其次，对不同方法采集到的指纹进行比较，确定最有效的采集方法；再次，对同一人同一手指采集到的指纹进行比较，验证采集方法的优劣；最后，选取同一手指中的同一个汗孔观察不同采集方法对汗孔形态、大小的影响。

（三）实验结果

选取 6 种方法中采集效果相对好的指纹各 100 枚，共计 600 枚指纹作为样本进行观察、统计，结果见表 7-1，采集效果如图所示（图 7-4、图 7-5）。

表 7-1　6 种方法采集汗孔效果比较（枚）

采集方法	好	较好	一般	较差
油墨法	0	28	52	20
油画颜料法	52	32	8	8
石墨法	48	33	10	9
采集仪法	0	2	21	77
扫描仪法	0	11	26	63
显微镜法	9	57	32	2
合 计	109	163	149	179

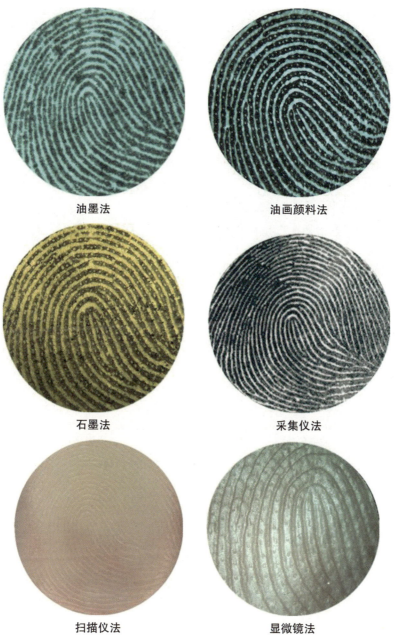

油墨法

油画颜料法

石墨法

采集仪法

扫描仪法

显微镜法

图7-4 同一手指6种方法采集汗孔效果

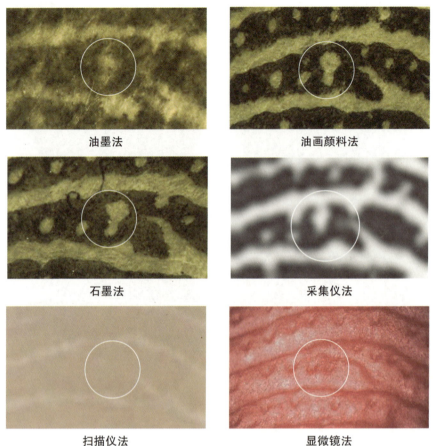

图 7-5　同一手指同一汗孔 6 种方法采集效果

（四）讨论

1. 从中介质来看，油画颜料与石墨采集效果好，油墨采集效果一般。石墨法中铅笔芯由石墨掺和一定比例的粘土制成，粘土越多、笔芯越硬，颜色越淡。HB 铅笔效果好（笔芯软硬及色泽适中），B 系列铅笔效果较好（笔芯铅质略软、略黑，汗孔变小，甚至堵塞汗孔），H 系列铅笔效果一般（笔芯铅质略硬、色浅，汗孔反应不充分）。石墨采集偶尔有少量残渣，但不影响整体效果。

2. 从中介质承载客体来看，捺印盒、玻璃板、复印纸对汗孔质量影响较大。玻璃板采集质量好（平整光滑客体）、复印纸采集质量较好（反复摩擦后形成光滑表面）、陶瓷捺印盒采集质量一般（微孔材质影响汗孔反映效果）。橡胶捺印盒材质软，与手指贴合度高，采集效果好于陶瓷捺印盒。

3. 从转印介质看，胶带粘取手指上的油墨、油画颜料、石墨等中介质后，贴在指纹卡上的效果，好于直接捺印在指纹卡上的效果。胶带粘性大、与手指接触面积大、转印充分，可以完整、全面采集汗孔。

4. 从显微镜拍照效果看，汗孔采集质量较好。手指直接在显微镜或物证检验仪下拍照，可以客观真实反映汗孔，但手指呈半弧形，放大时用光不均匀、景深小、不易拍全手指，只有局部汗孔反映。另外，没有中介质染色，汗孔和乳突线颜色反差小，不易观察。

5. 从光学扫描效果看，扫描仪、活体采集仪效果差，汗孔反映数量少、形态大小模糊。不同分辨率扫描出的汗孔质量差别不明显，分辨率提高的倍数量级不能满足汗孔质量提升的要求，同时没有中介质增加反差，不易观察。活体采集仪采用 500ppi 分辨率的采集模式，无法在单位长度上增加像素数量，不易采集到汗孔的细微特征。

6. 从造痕客体来看，不同年龄、不同性别的手指对汗孔采集方法步骤的影响不明显。

三、结论

本次实验表明：影响汗孔采集效果的主要因素是承载客体表面的光滑程度及设备分辨率的大小。玻璃本身光滑、石墨滑动制造光滑客体，所以油画颜料法、石墨法采集汗孔效果好，但玻璃易产生滑动，在指纹外围和根基部位易产生变形。如果采取胶带沾取手指上的油画颜料、石墨再贴附在指纹卡上的效果更佳，但采集步骤略微复杂，有待进一步简化步骤，规范采集。显微镜法采集汗孔效果较好，但不能完整采集整枚指纹；油墨法采集汗孔效果一般；活体采集仪法与扫描仪法采集指纹汗孔效果较差。

第二节　石墨法采集指纹三级特征

一、石墨法采集指纹三级特征

随着指纹三级特征研究的深入，需要采集大量清晰、完整、准确反映三级特征位置、形态、大小的指纹图像。通过上一节采集方法的筛选，石墨法取得了较好采集效果。本节用石墨法采集指纹，试图全面了解该方法采集三级特征的效果。

二、课题组用石墨法采集三级特征的实验研究

（一）实验器材

KF-1 型多功能物证检验仪、KH-7700 型三维视频显微镜、马蹄镜、A4 白纸、指纹胶带、铅笔等。

（二）实验对象

河南警察学院刑事科学技术系学生 100 人，其中男性 58 人，女性 42 人。2 人一组互为采集人与被采集人，双手洗净，自然晾干，准备采集。

（三）实验方法

1. 选取 HB 铅笔芯中的石墨作为介质，在 A4 纸上制作面积为 10cm×10cm 石墨转印介质面。每人从右手开始，按照拇指、食指、中指、环指、小指的顺序，手指依次摩擦滚动接触石墨，再用胶带粘取手指上的石墨贴在指纹卡上（具体方法见上一节）。左手五指按照上面方法依次采集手印，得到 100 张十指指纹卡片。卡片上记录被采集人的个人信息，如姓名、年龄、身高、体重等。

2. 拍照存储。使用 KF-1 型多功能物证检验仪（具备放大拍照功能）对 1000 枚指纹侧光拍照，建立以姓名命名的 100 个文件夹，分别储存 100 人左右手十指指纹图片 1000 张。

3. 采集质量分析记录。对拍照存储的指纹图像进行 5 倍以上的放大观察，对 100 人 1000 枚指纹逐枚分析记录质量等级。根据本书第六章第一节（表 6-1）指纹三级特征质量评级分类标准，好的 4 分、较好的 3 分、一般的 2 分、较差的 1 分、差的 0 分。对每个人 10 个手指采集质量分数相加得出每个人手指三级特征采集质量总分，分为好（40 分~31 分）、较好（30 分~21 分）、一般（20 分~11 分）、较差（10 分以下）四个等级。

（四）实验结果

采集 100 人指纹，选取采集效果好（得分 40 分）的付同学十指指纹进行展示（图 7-6）。观察可见，乳突纹线连贯性强，边沿形态清晰明显，汗孔数量多、形态丰富、大小较明确。

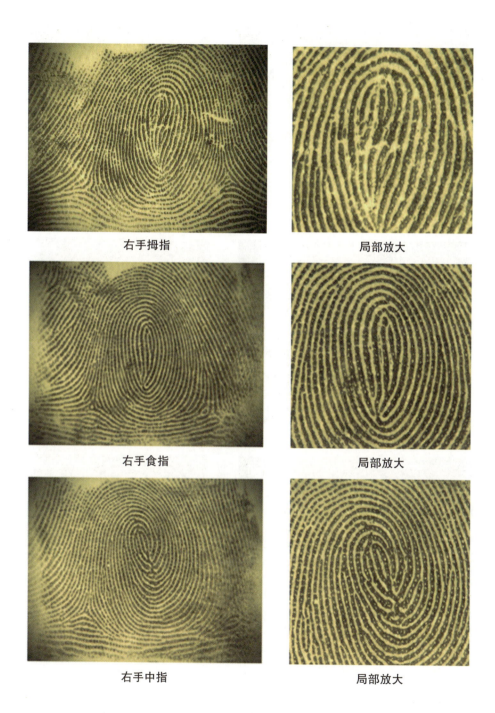

右手拇指　　　　　　　　局部放大

右手食指　　　　　　　　局部放大

右手中指　　　　　　　　局部放大

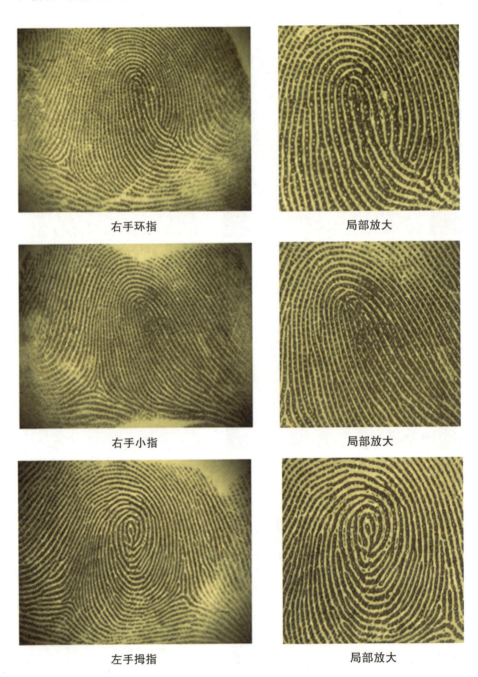

右手环指 局部放大

右手小指 局部放大

左手拇指 局部放大

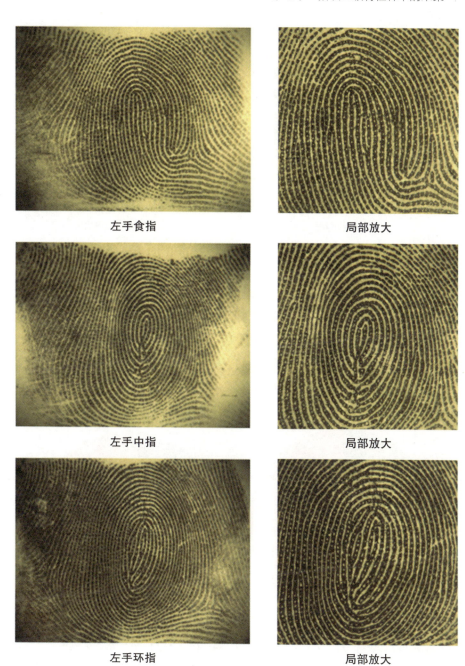

左手食指　　　　　　　　　　　局部放大

左手中指　　　　　　　　　　　局部放大

左手环指　　　　　　　　　　　局部放大

左手小指　　　　　　　　　　　　局部放大

图 7-6　石墨法采集付同学十指指纹效果

1. 100 人指纹三级特征采集整体质量统计。本次采集 100 人指纹三级特征中，整体质量好的有 59 人、较好的有 27 人、一般的有 12 人、较差的有 2 人，其中质量最高为满分 40 分的共 16 人，采集最低分 10 分的共 2 人。1000 枚指纹中三级特征质量好的共 517 枚、质量较好的 184 枚、质量一般的 123 枚、质量较差的 176 枚（图 7-7）。

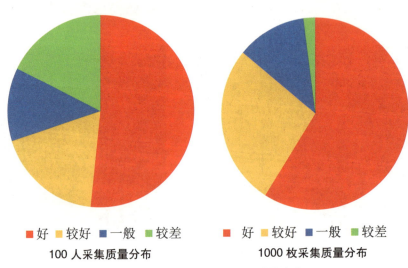

■ 好　■ 较好　■ 一般　■ 较差　　　　　■ 好　■ 较好　■ 一般　■ 较差

100 人采集质量分布　　　　　　　　　1000 枚采集质量分布

图 7-7　三级特征采集整体质量统计

2. 男女指纹三级特征采集质量统计。100人中男女指纹三级特征采集质量，最高40分中男性10人、女性6人，采集质量最低10分中男性1人、女性1人。在58名男性中，采集质量好的38人占男性总人数的65.52%、较好的14人占24.14%、一般的5人占8.62%、较差的1人占1.72%。在42名女性中，采集质量好的21人占女性总人数的50%、较好的13人占30.95%、一般的7人占16.67%、较差的1人占2.38%（图7-8）。

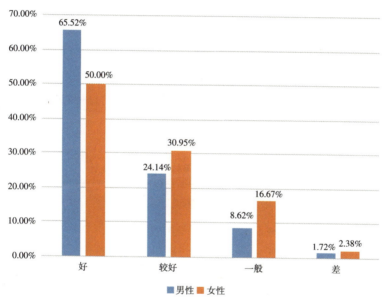

图7-8　男女不同采集质量比率的比较

3. 左右手指纹三级特征质量统计。1000枚指纹中三级特征采集质量好的右手278枚、左手239枚；采集质量较好的右手106枚、左手78枚；采集质量一般的右手64枚、左手59枚；采集质量较差的右手103枚、左手73枚，见表7-2。

表7-2　左右手三级特征采集质量统计表

性别	好	较好	一般	较差
右手	278	106	64	103
左手	239	78	59	73
合计	517	184	123	176

4. 不同指位三级特征采集质量。不同指位三级特征采集质量见表7-3及图7-9。采集质量好的排序为：环指>中指>食指>小指>拇指，其中质量好最多的是环指124枚，最少的是拇指84枚；采集质量较差的排序为：拇指>食指>中指>小指>环指，其中采集质量较差最多的是拇指48枚、最少的是环指18枚。

表7-3　不同指位三级特征采集质量统计

指位	好	较好	一般	较差
拇指	84	42	26	48
食指	100	31	26	43
中指	110	33	21	36
环指	124	33	25	18
小指	99	45	25	31
合计	517	184	123	176

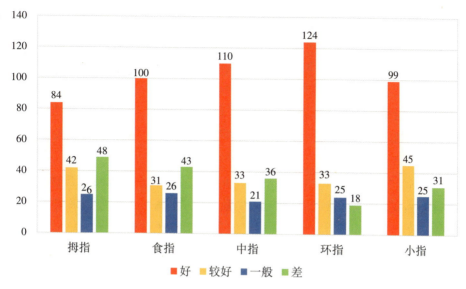

图 7-9　不同指位三级特征采集质量比较

（五）讨论

1. 通过石墨法采集指纹三级特征，100 人中采集质量好和较好的共 86 人占比 86%，1000 枚指纹中采集质量好的和较好的共 701 枚占比 70.1%。质量好和较好的指纹乳突纹线清晰连贯，汗孔数量多，单个汗孔面积大，乳突纹线边沿凹凸形态明显。分析认为采用石墨法在纸张上形成光滑、平整表面，有利于手指摩擦充分粘附石墨，指纹胶带粘度大粘取手指时印痕转印完整充分，指纹三级特征可以较好地采集下来。

2. 男性采集质量好的比率为 65.52%，女性采集质量好的比率为 50%，男性采集质量好于女性。分析认为男性手指骨骼大于女性，指纹面积大，乳突纹线略粗，边沿形态反映充分，汗孔有可能略大，加之男性汗液排泄量多于女性等原因造成性别采集质量的差异。

3. 右手采集质量好的 278 枚占比 27.8%、左手采集质量好的 239 枚占比 23.9%，左右手采集质量好的差别不大。分析认为一般人的活动由左右手配合共同完成，右手活动量略大于左手，右手较左手更为灵活，右手手指肌肉更为发达，乳突纹线有可能略粗于左手，使三级特征反映更为充分。个别人相同指位左手指纹三级特征质量高于右手，被捺印人是否为左撇子或由其他原因造成，还需进一步核实。

4. 不同手指采集质量统计中，采集质量好最多的为环指 124 枚占比 12.4%，采集质量好最少的为拇指 84 枚占比 8.4%。分析认为指纹三级特征采集质量与不同指位手指的利用率、活动量有关。拇指在五指中利用率最高、活动量最大，皮肤磨损严重，一定程度上影响三级特征的反映。环指在五指中利用率最低、活动量最少，皮肤磨损较轻，三级特征反映较好。

三、结论

从统计结果和分析可以看出石墨法采集的指纹，三级特征反映充分。石墨法是采集指纹三级特征的有效方法。该方法属于手工方式采集，步骤复杂，效率低、可变因素多，适用于实验室研究和专案侦查。大批量采集指纹汗孔等三级特征，适应 AFIS 工作模式，还需要使用活体指纹采集系统来采集指纹三级特征。

第三节　警用活体采集系统采集指纹三级特征

一、活体指纹采集系统

活体指纹采集系统主要由活体指纹采集仪和计算机等硬件和软件构成。系统可以直接对人手指的乳突纹线进行采集转化成电子数据，这些数据可通过网络上传，进行指纹自动识别。活体指纹采集根据取像技术不同，主要分为：光学技术、半导体硅感技术和超声波技术等。根据公安部指纹采集标准，现阶段国内警方采用光学技术、256 灰度级、500ppi 分辨率的活体采集系统，进行手指的三面滚动捺印采集和平面垂直捺印采集。虽然活体采集仪 500ppi 分辨率较低，三级特征反映不清晰、不充分，但课题组通过实验，试图找到现有条件下三级特征最佳采集方法。

二、课题组利用活体采集系统对三级特征采集实验研究

（一）实验原理

乳突纹线与小犁沟之间存在明显而稳定的高度差。将手指捺印在活体指纹采集仪采集平台上之后，采集仪会通过光学成像对高度不同的乳突纹线和小犁沟进行分光。分光传入传感器后，通过计算机图像通道进入指纹采集的驱动程序和指纹的拼接程序，进而对指纹进行校准，形成指纹图像。

（二）实验器材

活体指纹采集仪（海鑫 HX-R8062U），AFIS（海鑫 5.1 版本）。

（三）样本制作

实验者 5 人在活体指纹采集仪上采用轻压（10 N 以下）、中压（10 N～30 N）、重压（30 N 以上）3 种压力进行手指的平面捺印和三面捺印，共采集样本指纹 300 枚。指纹采集前要保持手指干净和采集仪光学取指平台清洁，采集前用清洁液擦拭采集平台，去除杂质和污垢，以防止指纹图像出现模糊、变形等情况。

平面捺印时将指头垂直向下接触按压在指纹采集平台上，形成手指的平面印痕；滚动捺印时将指头侧面开始接触采集平台，滚动指头进行捺印，形成手指的三面印痕。在捺印过程中要施力均匀、速度均匀，不能出现停顿、倒退、重复等情况。

（四）实验方法

1. 从活体指纹采集仪中导出指纹图片，格式设置为 TIFF 格式。

2. 观察在不同压力、不同捺印方式下，指纹整体花纹反映效果，并对三级特征汗孔、边沿形态、皱纹等做初步的比较。

3. 选择同一手指同一区域乳突纹线，观察汗孔、边沿形态、皱纹在不同压力、不同捺印方式下的采集效果。

4. 根据本书第六章第一节（表 6-1）中指纹三级特征质量评分标准进行捺印质量计分，好的 4 分、较好的 3 分、一般 2 分、较差的 1 分、差的 0 分。

（五）实验结果

观察不同压力、不同捺印方式下，指纹整体花纹和三级特征反映效果，见表 7-4。

表 7-4　不同压力、不同捺印方式下指纹三级特征采集效果

三级特征	平面捺印			滚动捺印		
	轻压	中压	重压	轻压	中压	重压
整体花纹	4	4	4	4	4	4

续表

三级特征	平面捺印			滚动捺印		
	轻压	中压	重压	轻压	中压	重压
汗　孔	1	3	2	1	2	1
边沿形态	1	2	1	1	2	2
皱　纹	4	3	1	3	1	0

1. 指纹整体花纹在不同压力、不同捺印方式下采集效果。

（1）在轻压捺印条件下，乳突花纹整体轮廓清晰，小犁沟宽度大于乳突线宽度，乳突纹线整体较为浅淡，边沿形态模糊纹线不实出现断线甚至出现漏白情况，三级特征反映模糊不清。平面捺印与滚动捺印效果差别不大。

（2）在中压捺印条件下，乳突花纹整体反映效果好。乳突线宽度与小犁沟宽度大体相同，乳突纹线连接较为紧密，边沿形态得到一定反映，三级特征反映较为充分，但纹线偶尔出现不连贯情况。平面捺印纹线连贯性略强于滚动捺印。

（3）在重压捺印条件下，乳突花纹整体反映清晰，乳突线宽度大于小犁沟宽度，黑白反差大，乳突纹线受挤压严重，三级特征反映少。平面捺印纹线连贯性略强于滚动捺印，清晰度也略强于滚动捺印（图7-10）。

轻压平面捺印　　　　　　中压平面捺印　　　　　　重压平面捺印

轻压滚动捻印　　　　　中压滚动捻印　　　　　重压滚动捻印

图 7-10　不同压力、不同捻印方式下指纹整体花纹采集效果

2. 汗孔特征在不同压力、不同捻印方式下采集效果。

（1）在轻压捻印条件下，纹线连贯性差、整体反差较弱。纹线断开较多，汗孔数量少，汗孔的形状、大小、位置、距离等无法确定。平面捻印效果好于滚动捻印效果。

（2）在中压捻印条件下，纹线较连贯，整体反差明显。汗孔明显、数量多、孔径大，汗孔的形状、大小、位置、距离等反映较充分，汗孔开口或闭口可以反映出来，甚至汗孔开口方向也可以反映出来。平面捻印效果好于滚动捻印效果。

（3）在重压捻印条件下，纹线连贯，整体反差较明显。汗孔较明显但孔径小，汗孔的形状、大小、位置、距离等反映不充分，相同位置同一个汗孔从大汗孔变为小汗孔甚至闭合。平面捻印效果好于滚动捻印效果（图7-11）。

轻压平面捻印　　　　　中压平面捻印　　　　　重压平面捻印

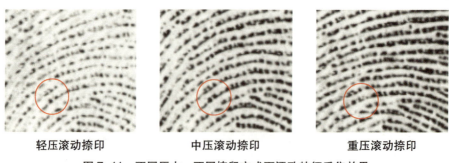

| 轻压滚动捺印 | 中压滚动捺印 | 重压滚动捺印 |

图 7-11　不同压力、不同捺印方式下汗孔特征采集效果

3. 边沿形态特征在不同压力、不同捺印方式下采集效果。

（1）在轻压捺印条件下，纹线较细，连贯性差，局部纹线边沿形态基本反映不出来。滚动捺印效果略好于平面捺印。

（2）在中压捺印条件下，纹线的连贯性强，边沿形态清晰，整体反差较明显。纹线粗细、边沿的凸起、凹陷等局部形态有所反映。滚动捺印效果略好于平面捺印。

（3）在重压捺印条件下，纹线连贯，整体反差明显。局部纹线的粗细、边沿的凸起、凹陷等局部形态有部分反映，纹线交叉处趋于连接，起始处呈三角状。滚动捺印效果略好于平面捺印（图7-12）。

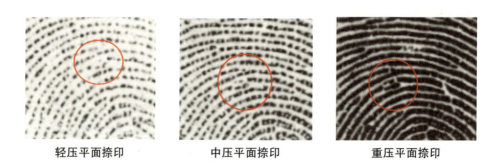

| 轻压平面捺印 | 中压平面捺印 | 重压平面捺印 |

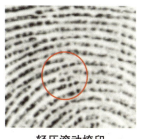 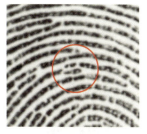 

轻压滚动捺印　　　　　　中压滚动捺印　　　　　　重压滚动捺印

图7-12　不同压力、不同捺印方式下边沿形态特征采集效果

4. 皱纹特征在不同压力、不同捺印方式下采集效果。

（1）在轻压捺印条件下，皱纹可以反映原始状态，长短、粗细、形态反映清晰明显。不规则的长矩形皱纹整体面积大，长度和宽度距离大。平面捺印效果好于滚动捺印效果。

（2）在中压捺印条件下，由于挤压变形，皱纹形态较轻压时变短变细，长度和宽度减小，呈略宽的条形。平面捺印效果好于滚动捺印。

（3）在重压捺印条件下，皱纹挤压变形最为严重，皱纹失去了原来的形态，呈细线状，长度和宽度急剧减小，皱纹上下侧纹线间距变小，右侧末端上下两条纹线已经连接上。如果皱纹本身较细小，重压下趋于消失。平面捺印效果好于滚动捺印效果（图7-13）。

轻压平面捺印　　　　　　中压平面捺印　　　　　　重压平面捺印

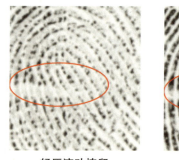

轻压滚动捺印　　　　　　　　中压滚动捺印　　　　　　　　重压滚动捺印

图7-13　不同压力、不同捺印方式下皱纹反映

（六）讨论

1. 捺印压力对指纹整体花纹和三级特征采集均起到重要作用。在中压条件下，指纹整体花纹和三级特征反映效果最好，重压效果较好，轻压效果一般。重压由于用力较大，纹线与背景反差大，但三级特征受到挤压产生严重变形，有的三级特征甚至消失。如汗孔特征，由于汗孔的孔洞结构，捺印压力大时四周向中心挤压，汗孔产生收缩变形，汗孔变小，甚至闭合；捺印压力小时，汗孔舒张变大，但捺印压力太小时纹线中断，汗孔特征反映不出来。所以捺印压力大小对指纹特征反映起到重要作用。

2. 捺印方式对指纹整体花纹和三级特征采集作用较小。平面捺印与滚动捺印效果差别不大，总的来说平面捺印效果略强于滚动捺印。由于手指皮肤具有一定的弹性，平面捺印是垂直向下一次动作形成指纹，图像拼接少，纹线变形小，可以更好反映指纹整体花纹和三级特征；三面捺印手指滚动形成纹线，纹线面积大，需要采集仪计算拼接形成连续纹线，特征会出现一定的变形错位。

三、结论

通过实验发现，捺印压力和捺印方式均会对指纹整体花纹和三级特征采集产生影响，其中捺印压力影响较大，捺印方式影响较小。控制好捺印变量，采用中等压力、平面捺印方式可以采集到质量较好的指纹三级特征。

第四节 500ppi 与 1000ppi 活体采集系统效果比较

一、国内外不同分辨率活体采集系统应用情况

国外有资料介绍美国联邦调查局在 500ppi 活体采集系统的基础上，利用 1000ppi 的采集系统采集了部分指纹，并建立了指纹三级特征数据库。国内警方普遍采用 500ppi 的活体采集系统采集指纹图像，寻找使用 1000ppi 指纹采集系统成为难题。课题组得到公安部物证鉴定中心指纹处相关领导的大力支持，在澳门找到 500ppi 与 1000ppi 兼容的指纹采集系统，用于不同分辨率下指纹采集效果的比较实验。

二、课题组对两种分辨率下采集指纹三级特征效果比较

（一）实验设备

500ppi 与 1000ppi 兼容指纹采集系统，分辨率：1000 像素/英寸（ppi）= 39.4 点/毫米，500 像素/英寸（ppi）= 19.7 点/毫米（图 7-14）。

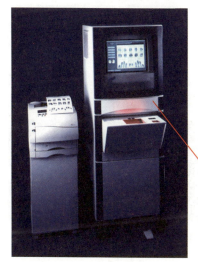
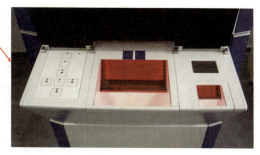

图 7-14 500ppi 与 1000ppi 兼容的采集系统

（二）样本制作

在 500ppi 与 1000ppi 两种分辨率下，轻压滚动、轻压平面、重压滚动、

重压平面等 8 种作用力方式下，分别采集 3 名志愿者（男 1 号、男 2 号、女 1 号）十指指纹，同一手指采集 8 次共采集 240 枚指纹。本次指纹采集由澳门方面帮助完成。

（三）实验方法

指纹采集后，在计算机上放大观察，寻找、识别手印中的三级特征。根据本书第六章第一节指纹三级特征质量评级分类标准（表 6-1），对 3 人 240 枚指纹逐枚分析记录质量等级。

（四）实验效果

1. 两种分辨率下采集效果比较。在 500ppi 与 1000ppi 两种分辨率下采集的指纹乳突纹线清晰、连贯性强，指纹三级特征效果反映一般，其中轻压采集效果好于重压采集效果，平面采集略好于滚动采集，1000ppi 采集效果略好于 500ppi 采集效果，即 1000ppi 轻压平面采集方式好于其他方式采集效果（表 7-5、图 7-15）。

表 7-5　同一手指两种分辨率 4 种作用力下三级特征采集效果

分辨率	轻压平面	轻压滚动	重压平面	重压滚动
500ppi	3	2	1	1
1000ppi	3	2	1	1

| 轻压平面 | 轻压滚动 | 重压平面 | 重压滚动 |

500ppi 采集仪

轻压平面　　　　轻压滚动　　　　重压平面　　　　重压滚动

1000ppi 采集仪

图 7-15　同一手指两种分辨率 4 种作用力下三级特征采集效果

2. 实验者左右手拇指在 1000ppi 轻压平面下采集效果。3 名实验者左右手拇指 1000ppi 轻压平面采集时，乳突纹线连贯性强，汗孔数量多，汗孔采集效果较好，整体上女性手指采集效果好于男性手指（图 7-16）。

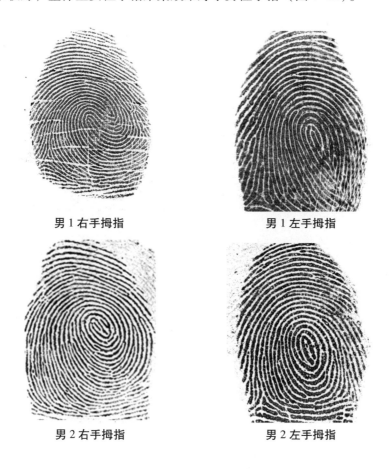

男 1 右手拇指　　　　　　　　　男 1 左手拇指

男 2 右手拇指　　　　　　　　　男 2 左手拇指

女 1 号右手拇指 　　　　　　　　　女 1 号左手拇指

图 7-16　实验者左右手拇指 1000ppi 轻压平面采集效果

3. 女 1 号在 1000ppi 轻压平面十指采集效果。女 1 号在 1000ppi 轻压平面采集十指指纹乳突纹线连贯性强，汗孔数量多，采集效果较好。其中右手五指采集效果好于左手五指，拇指、食指采集效果好于中指、环指、小指（图 7-17）。

右手拇指 　　　　　　　　　　局部放大

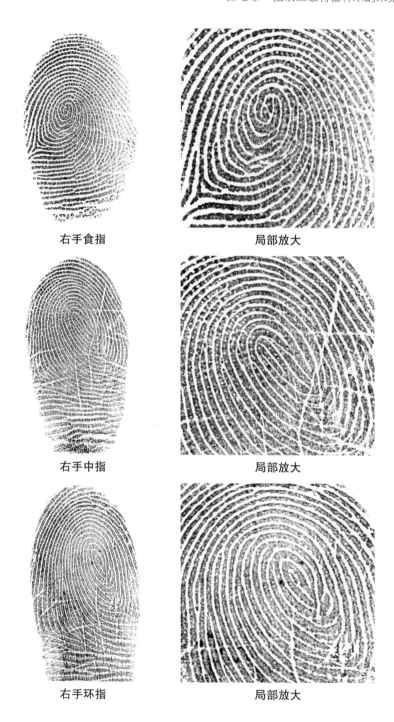

右手食指　　　　　　　　局部放大

右手中指　　　　　　　　局部放大

右手环指　　　　　　　　局部放大

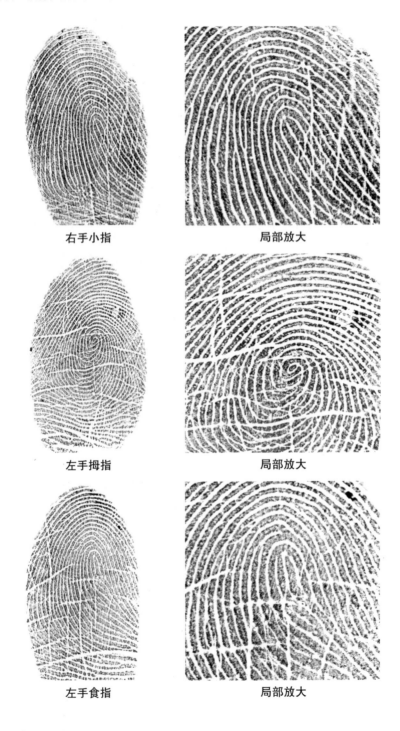

右手小指　　　　　　　局部放大

左手拇指　　　　　　　局部放大

左手食指　　　　　　　局部放大

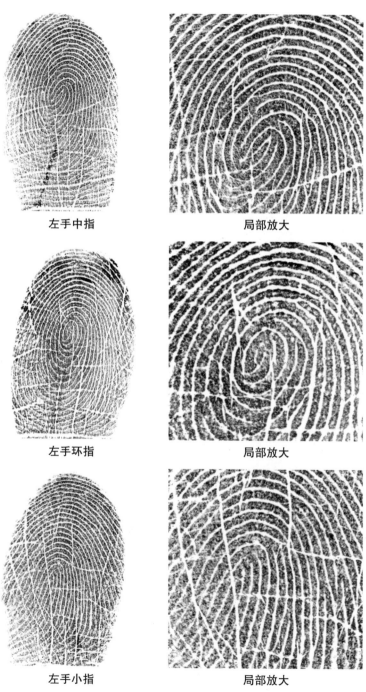

左手中指　　　　　　　　　局部放大

左手环指　　　　　　　　　局部放大

左手小指　　　　　　　　　局部放大

图 7-17　女 1 号在 1000ppi 轻压平面采集十指指纹效果

（五）讨论

1. 本次实验 500ppi 与 1000ppi 分辨率下对指纹三级特征的采集效果，二者差别不大。分析认为汗孔等指纹三级特征细微，作用力对采集效果影响大，在上述实验研究中，作用力大小、角度、方式，在一定程度上影响了指纹三级特征的采集效果。

2. 指纹三级特征细微，手指乳突纹线局部的粗细、汗孔的大小、出汗量的多少、采集时间等均会影响汗孔等三级特征的采集效果。

3. 实验人员对活体采集仪设备功能的了解、操作方法的掌握、操作的熟练程度等，也会影响采集效果。

三、结论

本次实验表明，1000ppi 采集效果略好于 500ppi 采集效果，轻压采集效果略好于重压采集效果，平面采集效果略好于滚动采集效果，即 1000ppi 轻压平面采集效果好于其他方式的采集效果。但无论哪种采集方式都无法达到清晰、完整、全面反映汗孔等指纹三级特征的要求，即现阶段还无法满足用采集仪方式大规模采集指纹三级特征并建立数据库的需要。

第八章

指纹三级特征辅助识别鉴定

　　手印鉴定的主要任务是解决人身同一认定问题,通过对检材手印与样本手印的比较,确定二者是否同一。手印鉴定遵循同一认定的科学方法,严格按照手印鉴定流程,经过预备检验、分别检验、比较检验、综合评断、制作鉴定书等几个步骤。

　　手印鉴定的过程是对指纹层级特征认识的过程。在分别检验阶段需要研究并确定指纹特征,分别检验分为初步检验和深入检验。初步检验侧重对指纹种类特征的认识,深入检验是寻找和确定指纹的个别特征,包括指纹细节特征、三级特征等。由于指纹三级特征细微,影响特征反映的可变因素多,使用指纹三级特征需要对特征标注的准确性、应用条件、应用的程序和方法等做进一步研究。

第一节　单位面积内汗孔特征标注与验证

一、汗孔特征标注准确性研究

　　一枚完整的指纹大约有 2000～4000 个汗孔,借助显微镜、高清相机、高分辨率扫描仪等设备可以进行汗孔标注。在司法鉴定领域中,汗孔标注的数量是汗孔特征应用的基础,汗孔标注的质量是汗孔特征应用的关键。课题组通过实验对一定面积内汗孔特征进行标注,并验证标注的正确率、错误率、漏标率,为汗孔特征的应用提供依据。

二、课题组对单位面积内汗孔特征的标注与验证

（一）实验器材

A4 纸、搪瓷杯、玻璃板、不锈钢杯、纳米磁性粉〔平均粒径为 20nm，主要成分是四氧化三铁（Fe_3O_4）〕、磁性刷、"502"胶、黑色纸张、多波段光源、橡胶手套、黑色记号笔、指纹提取专用胶带、纸张快速显现系统（简称 TFD-2）、EPSON v600 扫描仪、马蹄镜、2B 铅笔、Nikon-D7000（105mm 镜头）、Photoshop 图像处理软件等。

（二）样本制作

在实验前考虑到汗孔细微，其反映性容易受到捺印压力、捺印方向、出汗量等因素的影响，经过预实验确定在手指中等干湿度、中等压力、垂直向下平面捺印等条件下制作手印样本。

1. 渗透性客体——纸张上样本手印的制作。实验者（22岁、男性）将双手洗干净，自然晾干后，戴上事先准备好的橡胶手套，等待 5 分钟至手指略微潮湿。取 A4 纸若干张，依次编号，在标号的纸张上捺印实验者右手拇指（实验中均取此手指）3~5 次。将遗留手印的纸张分别在 TFD-2 纸张快速显现系统中，红外输出强度 90%、载物台流速 1500 mm/min 条件下显现手印，并在多波段光源（加橙色滤光镜）下观察，后利用 Nikon-D1700（105mm 镜头）拍摄提取手印。马蹄镜下观察，选取一枚汗孔反映好的指纹作为纸张样本手印。

2. 非渗透性客体——搪瓷杯、玻璃板、不锈钢杯上样本手印的制作。选取表面完好干净的搪瓷杯、玻璃板、不锈钢杯备用，取 A4 纸若干张，依次编号。在上述相同条件下将双手洗干净，自然晾干后，戴上事先准备好的橡胶手套，等待 5 分钟至手指略微潮湿。依次在搪瓷杯、玻璃板、不锈钢杯的不同位置，以中等压力捺印实验者右手拇指，并使用黑色记号笔进行标记。用磁性刷蘸取适量纳米磁性粉刷显手印，将显出的手印用胶带分别提取贴在编号的纸张上。在多波段光源照射下，利用 Nikon-D7000（105mm 镜头）拍摄、提取相应纸张上的手印。马蹄镜下观察，分别选取一枚汗孔反映好的手印作为搪瓷杯样本手印、玻璃板样本手印、不锈钢杯样本手印。

3. 参照样本手印的制作。由于石墨法采集的手印汗孔数量多、反映清晰、完整，本次实验采用该方法制作参照样本。A4 纸若干张，依次编号，

利用 2B 铅笔，在 A4 白纸上反复多次均匀摩擦制造光滑的平面，将右手拇指在此平面均匀摩擦粘附石墨，胶带粘取附着石墨的手指，再粘贴在编号的纸张上（具体操作步骤见第七章第二节）。将纸张置于 EPSON v600 扫描仪中，在 600dpi、1200dpi、2400dpi、3600dpi 分辨率下分别扫描。发现 1200dpi 扫描质量高于 600dpi 扫描质量，但 1200dpi 与 2400dpi、3600dpi 下汗孔反映效果差别不明显，遂使用 1200dpi 扫描参照样本，选取一枚汗孔反映好的手印作为参照样本手印。

（三）实验方法

1. 单位面积的确定。观察发现在 400×400 像素区域内，乳突纹线上有 50~100 个汗孔，一枚手印中有 5 个以上 400×400 像素区域，在此范围标注汗孔工作量适中，易于集中标注统计分析。另外在此范围内一般有 2~3 个细节特征，可用于整体定位，遂本次实验以 400×400 像素区域作为标注汗孔的面积范围。

2. 样本与参照样本单位面积的选取。在纸张上遗留的手印中选取 5 个单位面积，每个单位面积内至少有 2 个二级特征，分别标识为样本 1、2、3、4、5；在参照样本手印中选取 5 个位置相同的区域，分别标识为参照样本 1、2、3、4、5。

在搪瓷杯上遗留的手印中选取 5 个单位面积，每个单位面积内至少有 2 个二级特征，分别标识为样本 6、7、8、9、10，在参照样本手印中选取 5 个位置相同的区域，分别标识为参照样本 6、7、8、9、10。

在玻璃板上遗留的手印中选取 5 个单位面积，每个单位面积内至少有 2 个二级特征，分别标识为样本 11、12、13、14、15，在参照样本手印中选取 5 个位置相同的区域，分别标识为参照样本 11、12、13、14、15。

在不锈钢杯上遗留的手印中选取 5 个单位面积，每个单位面积内至少有 2 个二级特征，分别标识为样本 16、17、18、19、20，在参照样本手印中选取 5 个位置相同的区域，分别标识为参照样本 16、17、18、19、20。

3. 样本与参照样本汗孔特征的标注。在标注单位面积内汗孔特征时，先对样本 1~20 进行标注，再对参照样本 1~20 进行标注。开始标注时，首先找出该单位面积内的二级特征，然后以二级特征为参考定点，顺着纹线依次标注汗孔。

　　由于需要利用参照样本 1~20 对样本 1~20 进行准确性验证，所以参照样本 1~20 的标注尤为重要，需要反复比较确定参照样本汗孔的位置、距离、角度、排列等情况，尽量客观、真实、全面反映单位面积内的所有汗孔，这一步是准确验证的关键步骤。

　　4. 汗孔特征标注方式。本次实验二级特征用 25×25 像素区域的红色实心圆标注，汗孔特征用 15×15 像素区域的红色空心圆标注。样本与参照样本比较后正确标注的汗孔用红色空心圆表示，错误标注的汗孔用蓝色空心圆表示，遗漏标注的汗孔用黄色空心圆表示。

　　5. 样本与参照样本汗孔特征的比较统计。将标注好的样本 1~20 与参照样本 1~20 分别进行比较，以二级特征为参考定点，以参照样本汗孔特征为标准，顺纹线依次比较样本与参照样本汗孔位置、距离等关系是否一致，统计 20 个单位面积汗孔标注的正确数、错误数、漏标数，并计算标注正确率、错误率、漏标率（简称三率）。

　　（四）实验结果

　　1. 样本汗孔特征标注与参照样本汗孔标注的比较：

　　纸张样本 1~5 汗孔特征标注与参照样本的比较（图 8-1）；

　　搪瓷杯样本 6~10 汗孔特征标注与参照样本的比较（图 8-2）；

　　玻璃板样本 11~15 汗孔特征标注与参照样本的比较（图 8-3）；

　　不锈钢杯样本 16~20 汗孔特征标注与参照样本的比较（图 8-4）。

 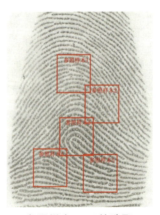

纸张样本 1~5 的选取　　　　　参照样本 1~5 的选取

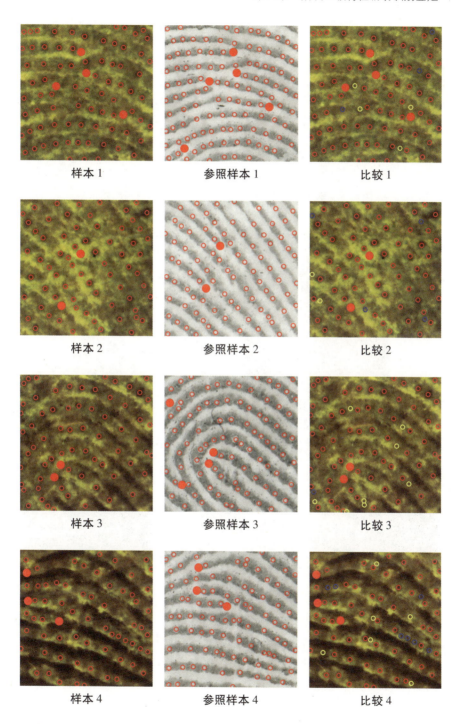

样本 1　　　　　参照样本 1　　　　　比较 1

样本 2　　　　　参照样本 2　　　　　比较 2

样本 3　　　　　参照样本 3　　　　　比较 3

样本 4　　　　　参照样本 4　　　　　比较 4

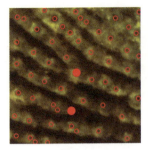
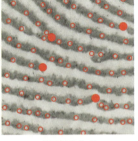
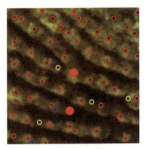

样本 5　　　　　　　参照样本 5　　　　　　　比较 5

图 8-1　纸张样本 1~5 汗孔特征标注与参照样本的比较

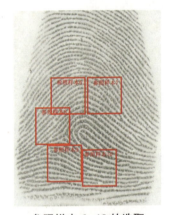

搪瓷杯样本 6~10 的选取　　　　参照样本 6~10 的选取

样本 6　　　　　　　参照样本 6　　　　　　　比较 6

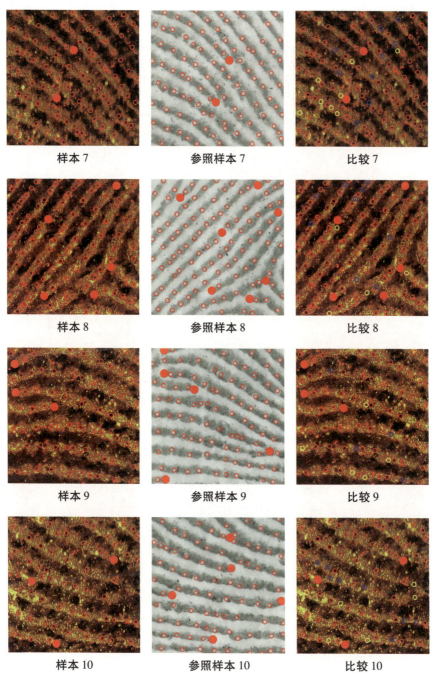

样本 7　　参照样本 7　　比较 7

样本 8　　参照样本 8　　比较 8

样本 9　　参照样本 9　　比较 9

样本 10　　参照样本 10　　比较 10

图 8-2　搪瓷杯样本 6~10 汗孔特征标注与参照样本的比较

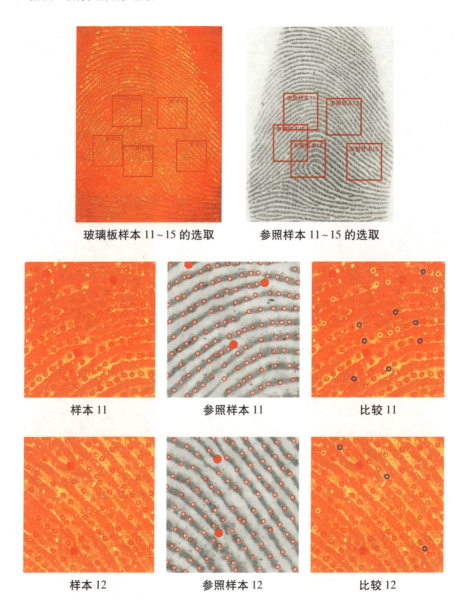

玻璃板样本 11~15 的选取　　　参照样本 11~15 的选取

样本 11　　　　　参照样本 11　　　　　比较 11

样本 12　　　　　参照样本 12　　　　　比较 12

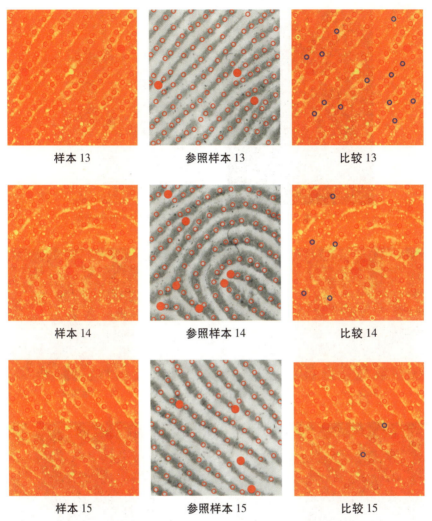

样本 13　　　　参照样本 13　　　　比较 13

样本 14　　　　参照样本 14　　　　比较 14

样本 15　　　　参照样本 15　　　　比较 15

图 8-3　玻璃板样本 11~15 汗孔特征标注与参照样本的比较

 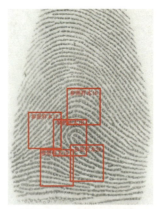

不锈钢杯样本 16~20 的选取　　　　参照样本 16~20 的选取

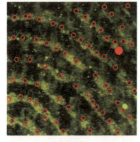 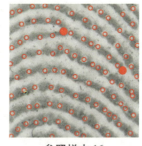 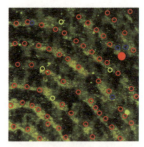

样本 16　　　　　　参照样本 16　　　　　　比较 16

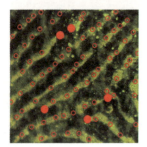 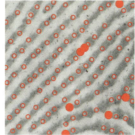 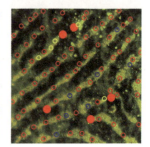

样本 17　　　　　　参照样本 17　　　　　　比较 17

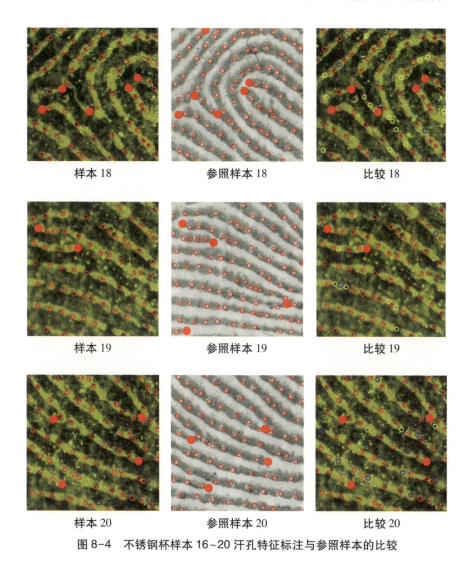

样本 18　　　　　　参照样本 18　　　　　　比较 18

样本 19　　　　　　参照样本 19　　　　　　比较 19

样本 20　　　　　　参照样本 20　　　　　　比较 20

图 8-4　不锈钢杯样本 16~20 汗孔特征标注与参照样本的比较

　　2. 汗孔特征标注三率数据总体统计结果。统计纸张、搪瓷杯、玻璃板、不锈钢杯四种客体上提取的手印中，20 个样本单位面积内汗孔特征标注的正确率、错误率、漏标率，统计结果见表 8-1。

表 8-1　四种客体 20 个样本中汗孔标注三率统计总表

客体	序号	参照样本	样本	正确数	正确率	错误数	错误率	漏标数	漏标率
	1	79	78	75	96.15%	3	3.85%	4	5.06%
	2	66	68	64	94.12%	4	5.88%	2	3.03%
纸张	3	74	67	66	98.51%	1	1.49%	8	10.81%
	4	59	60	53	88.33%	7	11.67%	6	10.17%
	5	55	53	51	96.23%	2	3.77%	4	7.27%
	6	85	94	84	89.36%	10	10.64%	1	1.18%
	7	81	81	73	90.12%	8	9.88%	8	9.88%
搪瓷杯	8	75	80	71	88.75%	9	11.25%	4	5.33%
	9	59	58	54	93.10%	4	6.90%	5	8.47%
	10	53	55	47	85.45%	8	14.55%	6	11.32%
	11	92	89	81	91.01%	8	8.99%	11	11.96%
	12	76	73	70	95.89%	3	4.11%	6	7.89%
玻璃板	13	82	94	81	86.17%	13	13.83%	1	1.22%
	14	62	66	61	92.42%	5	7.58%	1	1.61%
	15	63	64	62	96.88%	2	3.12%	1	1.59%
	16	69	69	65	94.20%	4	5.80%	4	5.80%
	17	75	77	70	90.90%	7	9.10%	5	6.67%
不锈钢杯	18	66	54	51	94.44%	3	5.56%	15	22.73%
	19	67	62	60	96.77%	2	3.23%	7	10.45%
	20	57	62	54	87.10%	8	12.90%	3	5.26%

正确率=〔正确数/标注样本汗孔总数（正确数+错误数）〕×100%

错误率=〔错误数/标注样本汗孔总数（正确数+错误数）〕×100%

漏标率=〔漏标数/参考样本汗孔总数（正确数+漏标数）〕×100%

（1）正确率。样本 1~20 中，平均正确率为 92.30%，样本 3 正确率最高为 98.51%，样本 10 正确率最低为 85.45%。正确率在 90% 以上的有 14 个数据占 70%，正确率在 90% 以下的有 6 个数据占 30%。样本 1~20 中，汗孔标注正确的最多 84 个汗孔，最少 47 个汗孔。

（2）错误率。样本 1~20 中，平均错误率为 7.70%，样本 10 错误率最高为 14.55%，样本 3 错误率最低为 1.49%。错误率在 10% 以下的有 14 个数据占 70%，错误率在 10% 以上的有 6 个数据占 30%。样本 1~20 中，汗孔标注错误的最多 13 个汗孔，最少 1 个汗孔。

（3）漏标率。样本 1~20 中，平均漏标率为 7.39%，样本 18 漏标率最高为 22.73%，样本 6 漏标率最低为 1.18%。漏标率在 10% 以下的有 14 个数据占 70%，漏标率在 10% 以上的有 6 个数据占 30% 中。样本 1~20 中，汗孔标注遗漏的最多 15 个汗孔，最少 1 个汗孔（图 8-5）。

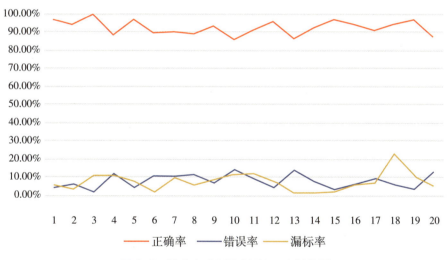

图 8-5　样本 1~20 汗孔标注三率折线图

3. 样本与参考样本汗孔标注数量差异统计。样本汗孔标注数量大于参考样本汗孔标注数量的有 10 个数据，即样本 2、4、6、8、10、13、14、15、17、20，分别多标注 1~12 个汗孔。样本汗孔标注数量小于参考样本汗孔标注数量的有 8 个数据，即样本 1、3、5、9、11、12、18、19，分别少标注 1~12 个汗孔。样本汗孔标注数量与参考样本汗孔标注数量相同的有 2

个数据，即样本 7 和样本 16，但有错误标注与漏标情况。本次实验没有完全标注正确的样本。

4. 不同承痕客体汗孔标注三率统计。本次实验中纸张上汗孔标注正确率最高为 94.67%，搪瓷杯上汗孔标注的正确率最低为 89.36%；搪瓷杯上汗孔标注错误率最高为 10.64%，纸张上汗孔标注的错误率最低为 5.33%；不锈钢杯上汗孔漏标率最高为 10.18%，玻璃板上汗孔漏标率最低为 4.85%，见表 8-2。

表 8-2　不同承痕客体汗孔标注三率平均值表

客体种类	正确率	错误率	漏标率
纸　张	94.67%	5.33%	7.27%
搪瓷杯	89.36%	10.64%	7.24%
玻璃板	92.47%	7.53%	4.85%
不锈钢杯	92.68%	7.32%	10.18%

5. 不同显现方法汗孔标注三率统计。本次实验渗透性客体——纸张上汗潜手印采用热致荧光法显现，汗孔标注正确率为 94.67%，错误率为 5.33%，漏标率为 7.27%；非渗透性客体——搪瓷杯、玻璃板、不锈钢杯上汗潜手印采用纳米粉末法显现，汗孔标注正确率为 91.50%，错误率为 8.50%，漏标率为 7.42%。两种显现方法提取手印后的汗孔标注，正确率相差 3.17%，错误率相差 3.17%，漏标率相差 0.15%。热致荧光法显现汗孔标注正确率略高于粉末显现法，粉末法显现标注汗孔错误率略高于热致荧光法，粉末法显现汗孔标注漏标率略高于热致荧光法（图 8-6）。

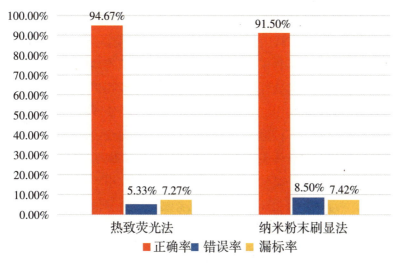

图 8-6　两种显现方法汗孔标注三率比较

（五）讨论

1. 在一定条件下，小面积区域内汗孔特征可以得到有效的识别，且识别的准确性较高。本次实验对单位面积内汗孔特征进行识别，准确性高并取得良好效果。分析认为一枚完整手印中汗孔数量大，分布密集，给识别带来困难。小面积区域内乳突纹线上汗孔数量有限，汗孔间距离近、变形小，易于比较特征的位置、形态、大小等要素来准确标识汗孔特征。但实验中还是出现一定比例标注错误或遗漏的情况，说明汗孔反映性差，不能同手印中的起点、终点等细节特征一般可以完全准确识别，汗孔特征需要审慎使用。

2. 承痕客体的性质对汗孔识别准确性影响较大。本次实验遗留手印的客体——纸张、搪瓷杯、玻璃板、不锈钢杯等表面汗孔识别准确性高，但并非承痕客体表面越光滑、渗透性越低，识别准确性越高。从表 8-2 可以看出，纸张上汗孔识别的正确率略高于搪瓷杯、玻璃板、不锈钢杯上汗孔识别的正确率。分析认为承痕客体表面光滑、平整，乳突纹线遗留完整，易于准确识别汗孔，但承痕客体的光滑程度主要影响乳突纹线的连贯性，对汗孔的位置、数量、形态大小等影响小。当手指汗液量略大，在非渗透性光滑客体上遗留手印时，易滑动变形，影响手印的形成，使玻璃板等客体的汗孔识别正确率略低于纸张。

3. 手印显现方法对汗孔识别准确性有一定影响。从图8-6可以看出，使用热致荧光法和纳米粉末法显现手印后，汗孔识别均获较好的效果，其中纸张上汗孔识别的准确性略高于玻璃板等客体汗孔识别的准确性。分析认为纸张上汗潜手印利用红外热成像方法处理，经长波紫外观察激发荧光显现手印，整个过程不接触遗留手印的纸张，乳突纹线反映较好，汗孔识别效果好。玻璃板等客体表面光滑，粉末刷显时，刷子与乳突纹线直接接触，可能导致汗孔被轻微破坏，另外纳米粉末颗粒小于汗孔直径，粉末用量大、操作不当等会引起汗孔堵塞，或者纹线断裂等情况，给汗孔的标注带来困难，最终导致汗孔识别准确性有所降低。

4. 人为因素对汗孔识别准确性有一定影响。为了更好地标注汗孔特征，实验者对汗孔生理结构进行学习，对形成汗孔反映效果的复杂因素进行分析，对单位面积内乳突纹线上汗孔数量、形态、大小等进行显微镜观察比较，最终获得较高的汗孔识别正确率，因此本实验中，人为因素对汗孔识别准确率的影响可忽略不计。但汗孔细微，反映性差，加之复杂现场环境及上面提到的各种因素影响，给现场手印汗孔识别带来一定困难，如个别指纹工作者对汗孔特征认识不足，常常放弃对汗孔特征的寻找使用。人为因素对汗孔识别有一定影响，但容易被忽视。

三、结论

对单位面积内汗孔特征标注与验证的实验表明，汗孔特征在一定条件下可以被准确识别。但汗孔识别的准确性受手印遗留面积的大小、承痕客体性质、显现方法以及对汗孔认识程度等多方面因素的影响。人手乳突纹线中汗孔特征客观存在，不以人的意志为转移，在一定条件下用于辅助手印鉴定是可行的。

第二节　指纹三级特征应用条件

利用指纹三级特征进行人身同一认定，在国外司法鉴定领域已有应用，每年不到1%的手印鉴定中会用到汗孔特征，我国利用指纹三级特征鉴定的案例极少。课题组认为现阶段指纹三级特征仅可作为辅助的鉴定技术，即在一级特征、二级特征基本认定同一的情况下，作为进一步认定同一的手段；或者在二级特征不足的情况下，作为重要的辅助特征帮助鉴定。辅助鉴定需要具备相应的条件，才能启动指纹三级特征。

一、检材手印的条件

案件现场遗留手印的承痕客体千差万别，手指作用于客体的压力各不相同，嫌疑人自身生理病理及手上附着的汗垢、污渍、油脂等情况都会对现场手印产生直接影响。现场手印形成的复杂性、多变性，常常使现场手印残缺、模糊、变形、重叠，无法依据起点、终点等二级特征做出鉴定结论。当手印遗留在光滑客体上，局部乳突纹线清晰，且三级特征明显、可靠时，可以考虑将三级特征作为检材特征之一，但不可主观臆断盲目扩大三级特征应用的范围。

当现场手印需要显现处理时，主要用到物理、化学等方法，这些方法是针对指纹二级特征的显现。本书第六章介绍了一些常规方法显现手印后对三级特征的观察结果，虽然有一些效果，但不能达到完全显示三级特征的精度，现阶段还没有针对指纹三级特征显现的方法，此类现场手印的显现与提取难度较大。

二、样本手印的条件

指纹三级特征样本采集质量直接影响对三级特征的应用。指纹三级特征的采集质量受多种因素的影响，捺印压力、捺印方式、油墨量等都会对指纹三级特征产生影响。如采集时捺印压力的大小直接影响乳突纹线的连续与中断，影响乳突纹线宽窄与边沿凸凹形态的反映，影响细点线的出现与否，影响汗孔的大小及是否出现，等等。由于指纹三级特征细微、尺度小，捺印材料也可能堵塞汗孔而无法清晰观察，甚至造成汗孔的缺失。

课题组在第七章对汗孔采集方法做了专门研究，认为石墨法与油画颜料法可以有效采集指纹三级特征，但这两种方法属于手工采集方式，操作复杂、技术要求高，不适用大面积采集建立数据库的需要。对某一特定手指采集三级特征样本时，还需要鉴定人在深入研究检材手印的情况下，在遗留条件相近的条件下，反复多次捺印，以确定被鉴定人手指某部位是否确实存在所怀疑的三级特征。

当前我国警用 AFIS 图像分辨率为 500ppi，汗孔等指纹三级特征有所反映，图像分辨率达到 1000ppi 时，汗孔特征才可能有较完整的反映。如果提升图像分辨率的精度及质量，指纹提取与匹配算法的复杂度将大幅度增加，数据库也需要相应的扩容。

三、鉴定器材的条件

人眼在一定视距下观察实物或图像上的细节，其分辨率有一定限度。正常视力在 25cm 明视距离上，人眼不能分辨实心圆点与空心圆圈的最大直径为 0.25cm。汗孔直径为 0.05mm～0.80mm，超出人眼分辨极限，手印需要放大 5 倍以上才能看到汗孔，如果需要对单个汗孔的形态、大小等细节做观察，需要进一步放大图像。在实践中可以根据不同的需要进行放大，但放大倍数不易过高，否则就会对指纹微观特征的整体把握和单个特征的定位造成困难，给检验鉴定带来困难。现有的显微镜、马蹄镜、物证检验仪等设备均能达到放大观察的要求。

对指纹三级特征进行扫描或拍照时，为了保证图片的清晰度及后期处理需要，扫描或拍照的图像分辨率至少设置为 1000ppi，现有的扫描仪、数码相机、智能手机等设备均能达到要求。

四、规范应用的条件

指纹三级特征规范应用涉及三级特征类型标准、三级特征辅助鉴定标准、计算机识别三级特征标准等问题。

法国学者洛卡德提出汗孔的四个基本特征：汗孔的尺度、汗孔的形态、汗孔在脊线的位置及汗孔的数量或频率。国内学者在此基础上，从单个汗孔特征、汗孔组合特征、汗孔与其他三级特征关系等多个维度进行深入研究，但目前三级特征的具体划分标准不统一。

洛卡德认为清晰的汗孔特征结合高尔顿细节特征可以做出确定的鉴定结论，有学者认为在指纹花纹类型总体形态相同或不冲突、细节特征数量满 8 个，但不能充分地做出鉴定结论时可以应用三级特征，也有学者认为当现场指纹二级特征不充分、汗孔清晰的情况下可用来辅助鉴定，但启动三级鉴定的标准、技术要求等无统一标准。

计算机识别三级特征时，汗孔尺寸标准不尽相同，汗孔模型、提取算法及匹配方法还不完善、不统一，无法达到通过计算机汗孔特征识别认定人身的目的。

目前，公安技术部门进行手印鉴定时，是否利用汗孔等三级特征一般靠经验性的判断。手印采集质量、检材条件、鉴定依据、技术方法等多项规范应用条件，还需要充分探讨。

五、鉴定人员的条件

运用指纹三级特征识别人身，对鉴定人提出了更高要求。鉴定人不仅要有专业知识沉淀，还要有丰富的手印鉴定经验，对客观因素造成的虚假三级特征与真实三级特征要有尽量准确的认知。此外鉴定人需要在检材与样本之间进行几十次甚至上百次的比对，才能对三级特征作出客观准确的意见，这需要具备超乎寻常的耐心与细心。

总之，指纹三级特征的应用受多方面条件制约，困难重重。但指纹三级特征"高特征密度、高区分度"的独特魅力，吸引学者不断探索与实践。

第三节 指纹三级特征应用程序与方法

利用指纹三级特征是手印鉴定的一种新思路，但三级特征细微、应用条件要求高，检验中还需要遵循一定的程序和方法，才能保障鉴定的规范和准确。

一、寻找确定指纹层级特征

人们观察事物总是遵循从宏观到微观、从粗疏到精细的规律，寻找确定手印特征也不例外，按照先寻找指纹一级特征、再寻找二级特征、最后寻找三级特征的顺序依次进行。这种顺序既符合各级特征自身特定性、稳定性及在痕迹中反映性等方面的价值定位，又符合逻辑规律及人的观察习惯，同时利用一级特征、二级特征排除大量备选指纹，减少工作量，为集中精力比对三级特征创造条件。

（一）寻找指纹一级特征

指纹一级特征是指纹的纹型、中心、三角等宏观特征。首先从一级特征层面进行，判断检材手印与样本手印纹型方面是否相符，如果发现纹型不同或中心纹线、三角形态存在差异，就可以排除二者源自同一手指的可能性。当检材手印残缺、面积较小，无法反映出花纹类型时就需要首先确定乳突纹线的遗留部位，根据遗留乳突纹线的弧度、曲率、粗细等，判断是手上哪一个具体方位的印痕，如中心、指尖、指侧、指根等；再以乳突纹线的总体流向、结构作为一个整体来观察寻找特征。

（二）寻找指纹二级特征

指纹二级特征是指起点、终点、分歧、结合、小勾、小桥、小眼、小棒、小点等细节特征。寻找二级特征时，首先需要确定一个稳定、可靠的细节特征点，然后以此特征点为基点，向四周寻找其他细节特征点。由于二级特征独特、稳定、反映明确的特性，一直是个体识别的重要依据。

（三）寻找指纹三级特征

如果受到遗留条件限制，二级特征数量不满8个，不能充分地做出鉴定结论，而乳突纹线相对清晰的情况下就可以寻找三级特征来辅助指纹鉴定。指纹三级特征是指汗孔、边沿形态、细点线等微观结构特征。

1. 汗孔特征。汗孔分布在乳突纹线上，理论上讲，汗孔有很多方面的独特性可以用于鉴定之中，如汗孔的密度、位置、形态、大小、开闭等细节反映，但是汗孔非常微小，在形成印痕的过程中汗孔细节极易发生变化，而汗孔位置相对稳定，所以在实践中主要寻找确定汗孔的位置即可。即以清晰的二级特征为基点定位，围绕基点所在乳突纹线及相邻的2~3条乳突纹线作为汗孔特征寻找的目标纹线，寻找清晰、稳定、连续、集中的汗孔特征。

2. 边沿形态特征。边沿形态特征在乳突纹线两侧，和汗孔特征一样，其形态、大小易发生变化，观察寻找乳突纹线边沿凸起、凹陷变化的具体位置即可。即以清晰的二级特征为基点定位，寻找基点所在乳突纹线边沿清晰、稳定、集中的凸起、凹陷形态反映。

3. 三级特征的组合及与二级特征的组合。通过对汗孔、边沿形态、细点线、纹线宽窄等三级特征的相互关系、对应位置的观察、分析，可以确定用于检验的微观特征组。通过汗孔与起点、终点等二级特征的位置、相互关系、距离的观察分析，可以确定用于检验的不同层级特征组。几类组合特征，可丰富检验内容，拓展检验思路。

二、比较检验指纹层级特征

为进一步认识检材手印和样本手印的性质，需要全面的比较，确定他们之间的符合点和差异点，为下一阶段的综合评断得出结论提供依据。

（一）比较检验的内容

比较检验从一级特征的比对检验到二级特征的比对检验，再到三级特征的比对检验，既要比对单个特征，更要比对特征点之间的相互关系。

1. 一级特征比较的内容。手印的手位、指位、部位、大小、形状、各种花纹类型、形态结构、纹线的弧度、流向，屈肌褶纹的条数、分布情况、组合方式及相互关系逐一比对。

2. 二级特征的比较内容。对每个细节特征的种类、具体形状、大小、方向、位置、角度及细节特征点之间的相隔线数进行逐一比对。比较二级特征的步骤是从基点特征组的比对开始，利用特征间的关系不断向外扩展，逐一对应地比较上述细节内容的异同。

3. 三级特征的比较内容。以二级特征为基点进行三级特征比对，如单条乳突纹线上汗孔的位置、数量，以及多条乳突纹线上汗孔之间的排列、疏密、角度等组合关系进行比对；单条乳突纹线边沿形态位置进行比对，多条乳突纹线边沿形态构成的组合关系进行比对；细点线的位置、形态、长短等进行比对；局部纹线宽窄的比对；等等。综合比对三级特征形成的微观特征组，以及三级特征与二级特征形成的组合特征等。

（二）比较检验的方法

根据比较的不同情况灵活采用不同的方法，但无论采用何种方法都要用同倍大的图像。

1. 特征对照法。这是手印比对最基本、最常用的方法，即利用放大镜、显微镜，比对现场手印和样本手印的总体形状、每个特征的形态、结构和特征间的关系是否一致。以基点为起点，对基点的种类、形态、关系和出现的手位、指位、部位进行对比。如二者相同，再逐渐向四周扩展，对相同部位的细节特征一一对照观察。三级特征细微，一般只对特征位置进行对照比较，三级特征的形态、大小等受作用力方式、承痕客体影响较大，一般不进行对照比较。

2. 特征点连线法。连线法是表达细节特征点相互位置关系的一种形式，利用特征点连线构成几何图形，可以检验图形的形状、面积、角度的异同。对汗孔特征来说，可以进行单条乳突纹线上汗孔的连线，考察汗孔的疏密关系；或进行多条乳突纹线上汗孔的连线，考察汗孔的排列组合关系。对纹线边沿形态特征来说，可以进行单条乳突纹线边沿形态连线构成曲线、多条乳突纹线边沿形态构成网面，检验图形的形状、面积、角度等特征。

3. 特征重叠法。特征重叠法又称特征总体比对法，是将检材手印与样本手印按照其相同部位重合起来比较特征异同的方法。重叠比对是对纹线的弧度、特征的位置、纹线的流向、距离、密度等进行总体比对的一种有效方法。可将检材手印和样本手印置于专业图像处理软件下进行重合比对。三级特征细微、反映性差，一般不进行重叠比对。

（三）比较检验时需要注意的问题

比较检验必须要以准确的手位、指位和具体部位相同为前提，即检材与样本必须是同一手指、同一部位的手印。比较时先比较一级特征，再比较二级特征，最后启动三级特征的比较。选用二级特征、三级特征必须是准确、清晰、稳定、质量高的特征，推测的特征不能作为作为重点比较的特征来使用。

三、综合评断指纹层级特征

综合评断就是对比较检验中发现的符合点和差异点进行科学分析，对其是否构成特定性进行判断，最终得出检材手印和样本手印是否同一手指所留的结论。

（一）综合评断的主要内容

1. 对符合点来源的评断。如符合点是同一手指同一部位所反映出的特征，是不同手或不同部位少数特征的耦合，还是某些因素引起少数特征的巧合等。指纹三级特征细微，数量多，密度大，相似的特征多，需要仔细斟酌。

2. 对差异点的来源评断。如差异点是不同手或同一手的不同部位所反映的不同特征；是手印形成过程中作用力原因、承痕客体性质引起部分特征的变化；是手印处理过程中引起部分特征的变化；还是检材手印形成后，手或承痕客体本身的变化引起样本手印特征的变化等。指纹三级特征形成条件要求高，反映性差，如果三级特征出现差异，需要多次实验验证。

（二）鉴定意见

目前世界上对指纹鉴定特征数量标准没有统一规定。在检材手印与样本手印种类特征相同的情况下，我国手印鉴定一般需要 8 个以上的细节特征才能做出结论。引入三级特征辅助鉴定时，二级特征与三级特征的数量标准极少有人深入研究。

课题组认为现阶段指纹三级特征的作用是辅助二级特征进行鉴定，指纹三级特征不能独立应用于鉴定。在乳突纹线清晰、三级特征反映明确的局部区域，可以引入一定数量的三级特征来辅助鉴定，但二级特征与三级特征的位置要相对集中，反映稳定。具体来说有 6~7 个二级特征相同，并有三级特征辅助时，可以做出同一认定的结论；有 4~5 个二级特征相同，虽有三级特征辅助，不要轻易做出结论；有 3 个二级特征相同，即使有一定量的三级特征辅助，也不能做出结论。另外，也要考虑二级特征的具体种类、价值高低等，做出综合评断。

检验时，汗孔、边沿形态、细点线等三级特征出现差异时，需要分析差异的形成原因，切不可依据三级特征的符合或差异做出认定或否定的结论。

四、制作鉴定书的要求

手印鉴定书是记录和反映手印鉴定由来、检材和样本形成过程、鉴定要求、检验过程、鉴定意见等情况的法律文书，是法定诉讼证据之一。制作鉴定书时应当遵循客观、全面、科学、规范的原则，使用鉴定书标准格式。手印鉴定书由文字部分和照片部分组成，两者互为印证、互为补充、缺一不可。

（一）文字部分

文字部分由基本情况、简案摘要、鉴定过程及分析说明、鉴定意见、附件等部分组成。每一部分的叙述要层次分明、逻辑性强，客观反映检验的发展过程，注意叙述中前后内容的连贯性。对物证、特征、鉴定意见的描述要客观准确。为了易于他人理解，鉴定人在撰写鉴定书时应当写出是如何观察到特征，如何得出鉴定结论的。文字部分要用词简练，全面客观，避免多余的推论，不能使用模棱两可的词句，诸如"差不多""基本上"等。

（二）图片部分

图片部分由检材手印的遗留情况照片、检材手印和样本手印照片、特征比对照片等部分组成。鉴定书中用照片、图样、图例等直观材料来说明鉴定书，可以使文字描述和照片说明相互印证、互为补充，使鉴定书更完善、更有说服力。

图片中的特征比对照片是鉴定书不可缺少的部分，其作用在于以真实的形象反映手印特征的异同，展示鉴定结论的直观依据。用特征比对照片表示检材手印和样本手印有哪些特征相符，哪些特征有差异。特征比对照片应附比例尺，两者同比放大 3~5 倍，使用三级特征时，两者同比放大 5~10 倍左右。指纹三级特征标注时，可以先标注二级特征，再标注三级特征，二级特征位置可以用实心圆表示、汗孔特征用空心圆表示；特征标线的标号可以统一排序，也可以按不同的层级特征排序（图 8-7）。

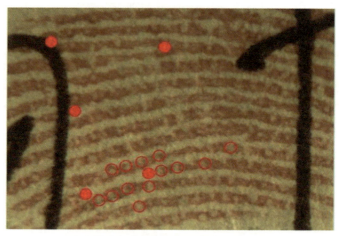

实心圆为细节特征　空心圆为汗孔特征

1. 结合　2. 凹陷　3. 小眼　4. 结合　5. 分歧　6. 凹陷
7. 凸起　8. 凸起　9. 凹陷 10. 一侧凹陷一侧凸起

图 8-7　指纹三级特征的标注方法

五、鉴定书范例

××司法鉴定中心
手印鉴定意见书

××司鉴中心［2015］痕鉴字第 2003 号

一、基本情况

委托单位：××市公安局刑事科学技术室

委托事项：××小区发生入室盗窃案，现场提取到残缺手印一枚。要求确认现场手印是否是嫌疑人王××手指所留。

受理日期：20××年 3 月 5 日

鉴定材料：

检材：拍照提取的现场残缺手印一枚，标识为 JC；

样本：犯罪嫌疑人王××十指指纹石墨捺印样本一份，标识为 YB。

鉴定日期：20××年 3 月 5 日～3 月 10 日

鉴定地点：××司法鉴定中心

二、基本案情

20××年 2 月 20 日，××小区发生入室盗窃案，在客厅窗下茶桌玻璃杯上提取到残缺手印一枚。经侦查发现王××为该案犯罪嫌疑人。20××年3月2日在××市公安局看守所提取了犯罪嫌疑人王××十指指纹捺印样本一份。

三、鉴定过程

检验仪器：数字化手印检验工作站DCS4。

检验方法：依据中华人民共和国公共安全行业标准《手印鉴定程序》（编号：GA/T 724-2007）和《指纹特征规范》（编号：GA 774.1~5-2008）进行检验。

（一）检验检材手印

标识为JC的检材手印是一枚粉末刷显拍照提取的现场玻璃杯上的残缺手印，手印面积小，纹线流程短、清晰。JC照片指尖方向朝上，根据手印遗留位置、纹线弧度及纹线排列状态分析，检材手印是中心右上侧区域纹线，但无法确定纹型。放大观察，纹线中有5个细节特征，其中4个"起点"、1个"结合"。显微镜下观察，乳突纹线上有明显的汗孔反映，且汗孔清晰、数量多，具备用汗孔辅助手印鉴定条件。进一步观察，在构成"结合"特征的上下两条乳突纹线上，寻找到17个清晰稳定的汗孔特征（见附图）。

（二）检验样本手印

标识为YB的样本手印是犯罪嫌疑人王××的十指捺印手印，捺印完整，黑色为乳突线。十指捺印手印先用石墨涂抹手指、胶带粘取手指石墨印痕，贴附在指纹卡片上，经过镜像处理，获得和检材一致的反映形象。通过石墨法采集的样本手印，纹线清晰且粗细间隔均匀，汗孔明显、数量多，汗孔位置反映明确，具备用汗孔辅助手印鉴定的条件。显微镜下观察，犯罪嫌疑人王××的左手中指中心右上侧区域纹线流向与检材一致，在与检材相对应的区域找到5个细节特征，其中4个"起点"、1个"结合"。进一步观察，在构成"结合"特征的上下两条乳突纹线上，寻找到17个清晰稳定的汗孔特征（见附图）。

（三）比较检验

经逐个比对检材与样本中的5个细节特征，它们的结构、方向、位置、间隔线数和整体布局均符合（见附图）。再比对检材与样本中的17个汗孔特征，它们的位置、间距、角度、疏密程度等均反映一致，未发现明显差异（见附图）。

四、分析说明

标识为 JC 的手印与标识为 YB 的犯罪嫌疑人王××左手中指手印纹线流向一致，相同部位的 5 个细节特征，其形态、方向、位置、间隔线数和相互关系均相一致，但特征数量少，不足以做出认定结论。进一步比对检材和样本中"结合"特征的所在乳突纹线上的 17 个汗孔特征，发现汗孔所在位置、排列、疏密程度和相互关系等均相一致，这充分反映了检材与样本本质的同一性。根据同一认定原理，这些相符特征的存在，形成了特定的总合，反映了特殊本质，说明两者造型客体的特定同一，构成了同一认定的客观依据。

五、鉴定意见

标识为 JC 的现场手印是标识为 YB 的犯罪嫌疑人王××左手中指所留。

六、附件

1. 检材复制图。

2. 样本复制图。

3. 特征比对照片。

司法鉴定人签名：左×

《司法鉴定人执业证》证号：×××××××××

司法鉴定人签名：郑××

《司法鉴定人执业证》证号：×××××××××

××司法鉴定中心

20××年 3 月 10 日

照片一　现场玻璃杯概貌照片

照片二　玻璃杯上提取的现场手印照片

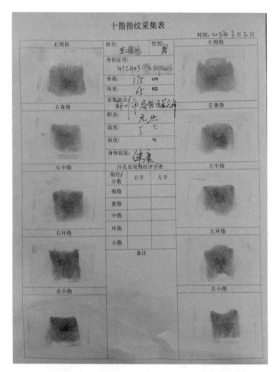

照片三　嫌疑人王XX十指指印照片

照片四　嫌疑人王XX左手中指照片

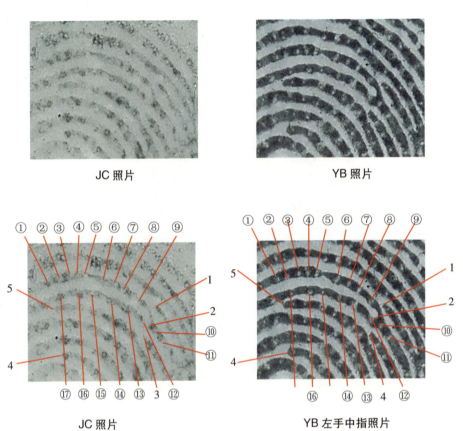

JC 照片　　　　　　　　　　　YB 照片

JC 照片　　　　　　　　　　　YB 左手中指照片

1-5 为细节特征，其中 1. 3. 4. 5 为起点，2 为结合；①-⑰为汗孔特征

照片五　特征比对照片

第九章

计算机汗孔特征自动识别技术

20 世纪 60 年代，基于计算机的指纹自动识别系统（简称指纹系统或 AFIS，即 "Automated Fingerprint Identification Systems" 的英文缩写）就已经面世，并应用于刑事案件侦破。进入 21 世纪，AFIS 已从刑事司法领域推广到金融、海关、社保、门禁、考勤等众多需要身份识别的领域。

当前 AFIS 是基于细节特征的指纹识别技术。随着指纹数据库容量的飞速增长，细节特征提供的信息量已经难以满足警方的需求。当指纹图像分辨率由 500ppi 提升到 1000ppi 时，指纹三级特征的引入使得指纹图像中被大量忽略的特征能够被利用，增大指纹之间的区分度，因此受到了不少关注。指纹汗孔作为一种常见的三级特征，在这方面做了有益的尝试，本章将对相关研究成果进行梳理。

第一节　指纹自动识别技术原理

计算机指纹自动识别技术是将传统的指纹识别技术与现代的模式识别技术、计算机技术和网络技术相结合，对指纹图像进行分类、特征提取、存储建库、比对检索和数据管理的综合性计算机应用技术。该技术通过专门研制的指纹自动识别系统得以实现。AFIS 的核心问题是指纹的自动识别，包括指纹图像采集、指纹特征提取、指纹特征匹配等一整套核心算法。

一、指纹图像采集

（一）指纹图像采集

指纹图像采集的任务是获得指纹的数字图像，提供给计算机处理。

主要的采集设备包括扫描仪、数码相机、活体指纹采集仪等。目前指纹图像采集主要通过扫描仪或活体指纹采集仪取得数字化的指纹图像。指纹图像采集设备主要基于光学技术、半导体硅感技术、超声波技术，三种技术各有特点，见表9-1。

表9-1　指纹图像采集技术比较

采集技术	体 积	耐用性	成像质量	成 本	功 耗
光学技术	中	好	干手指成像差，图像采集面积大	低	较多
半导体硅感技术	小	一 般	湿手指成像模糊，图像采集面积小	低	较少
超声波技术	中	一 般	不受手指干湿影响，但图像分辨率低	高	较多

当前我国警用AFIS建立了严格的技术标准及认证制度，如指纹采集使用光学技术，指纹图像采用256灰度级和500ppi像素等标准。

（二）指纹图像预处理

指纹图像预处理就是改善指纹图像质量，以保证后续指纹特征提取及匹配的准确性。指纹图像采集后形成受多种噪声干扰的灰度图像，首先，通过图像分割提炼有效区域，把对比度和灰度调整到一个固定的级别上；其次，通过方向图描述图像中纹线方向和对应位置，即用纹线上某点的方向来表示该纹线的方向；再次，通过滤波操作去除多种干扰，突出图像中的目标对象；最后，通过二值化将一幅灰度图像转换成二值图像，并通过细化把二值图转换为宽度仅为一个像素点的细线图，细化减少所需处理的信息量，便于提取指纹特征。

二、指纹特征提取

指纹特征提取是在指纹图像中抽取特征参数的过程。AFIS使用一组特征参数来描述一副指纹图像，特征参数主要包括：纹型、中心点、三角点、细节特征点的位置和方向等。不同的特征参数有不同的判定规则，通过不同的方法来识别指纹特征后，建立一系列的数字模型来描述指纹的特征。

（一）纹型特征提取

指纹纹型可以利用中心点、三角点的个数和相对位置来确定。计算机确定中心点和三角点就是寻找指纹纹线转弯最急的点，即纹线方向发生突变的地方。常用方法是 Poincare 指数法，还可以用方向概率法作补充。计算 Poincare 指数值可以将方向图里的点定义为正常点、核心点（即中心点）和三角点，以此来确定指纹纹型。

（二）细节点提取

首先建立数学模型来描述指纹细节特征。通过细节特征类型、位置坐标、方向、曲率、组合特征等一系列数学模型来描述指纹特征。AFIS 主要采用指纹图像中脊线的端点和分叉点来描述指纹细节特征（图 9-1），其中端点可以对应细节特征中的起点、终点；分叉点可以对应细节特征中的结合、分歧；沟、眼、点、棒、桥等细节特征可以由端点和分叉点组合构成。

端点　　　　　　　　　　　　　分叉点

图 9-1　细节点提取

细节特征的提取方法主要有 8 邻域法、神经网络法、小波变换法等。警用 AFIS 系统一般采用 8 邻域法对细节特征进行提取，即在细化后的指纹二值图像上，对每一点计算其交叉数（Cn），任一 P 点的交叉数 Cn 定义在 3×3 邻域上。当 Cn＝1 时，细节点 P 为端点；当 Cn＝2 时，细节点 P 为正常点；当 Cn＝3 时，细节点 P 为分歧点；当 Cn＞4 时，细节点 P 是未处理好的点或不可确定的点（图 9-2）。

P3	P2	P1
P5	P	P1
P6	P7	P8

图 9-2　邻域法示意

三、指纹特征匹配

指纹特征匹配是将待查指纹特征数据模板与数据库中的指纹特征数据模板相比较的过程。匹配运算过程不是针对两枚指纹图像进行的，而是对两枚指纹图像生成的特征数据模板的比较。比较的过程包括指纹整体特征的筛选、指纹局部特征的匹配、相似指纹的评分、候选指纹的排序等四个过程。指纹整体特征包括：指位、纹型、纹线密度、中心、三角等，指纹局部特征包括：细节点的类型、坐标、质量、方向等，还包括特征之间形成的拓扑关系等。

匹配是一个模式识别的过程，判断的标准是两者之间的相似程度，而不是相等或不等。相似程度的评定依赖于某个阈值，并与特征点的个数有关。匹配的方法包括基于特征点的匹配、脊模式的匹配、线对的匹配等。匹配的过程还要处理指纹图像之间的旋转量、平移量及压力导致的纹线变形等情况。最后把所有特征的匹配结果综合起来，根据预先定义的判断标准，判断是否达到预设的阈值。综合判断的过程可以看做是对特征相似度加权求和的过程，最终得出两枚指纹相似度的分数，再进行排名得到候选指纹列表。

目前，警用海鑫 AFIS 系统（简称 CAFIS）采用基于局部特征点匹配的三级匹配算法，即特殊点对匹配、局部结构匹配、全局匹配（图 9-3）。将特征点计算分为三级，可以实现特殊点的快速定位，有效降低了循环维数和次数，减少了指纹比对运算的时间。

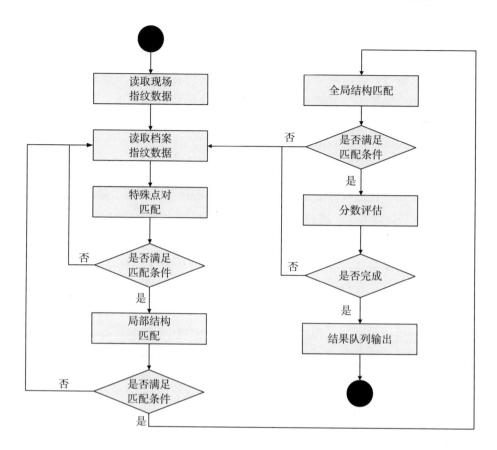

图 9-3　CAFIS 指纹三级匹配算法基本流程

第二节　汗孔特征的提取

汗孔特征提取是指计算机从原始指纹图像中识别出汗孔，并把汗孔的坐标提取出来。提取汗孔首先要建立一个汗孔模型，模型应全面考虑汗孔特征，对特征的变化能够有一定适应性，同时尽量避免指纹采集过程中设备及采集环境引起的噪声干扰。计算机对汗孔特征的提取可以分为两大类：基于骨架跟踪的方法和基于滤波的方法。

一、基于骨架跟踪的汗孔提取方法

前期研究汗孔提取多采用骨架跟踪的方法，此类方法首先对指纹图像进行骨架化处理，然后跟踪纹线骨架，当跟踪过程中满足某种预设的标准时，则认为出现了一个汗孔特征。骨架化方法的计算量很大，并且对噪声非常敏感，因此在使用这种方法提取汗孔特征时，只有当图像分辨率很高并且质量很好时才能得到比较好的结果。

二、基于滤波的汗孔提取方法

在骨架化汗孔提取方法之后，研究热点逐渐转至对图像质量和分辨率要求较低的滤波提取方法，滤波方法主要分为各向同性滤波和各向异性滤波。

（一）各向同性滤波模型

各向同性滤波可以分为三种模型。Jain 模型认为汗孔只存在于脊线上，谷线中无汗孔。汗孔分为闭合、开口两类，闭合汗孔分布在脊线上，开口汗孔是与谷线相交的（图 9-4）。用一个适当的阈值将灰度图像二值化，在二值化后的指纹图像上，脊线是暗的而汗孔和谷线是亮的，谷线比汗孔要大得多，因此 Jain 模型同时提取了汗孔与脊线。Ray 模型基于改进的二维高斯函数模型，通过检测汗孔内的灰度来定位汗孔，不需要处理骨架。DoG 模型假设汗孔是圆形的物体，并且不同指纹图像中汗孔大小不同，利用大小不同的 DoG 滤波器进行汗孔探测。三种模型均将汗孔视为各向同性的物体，属于各向同性滤波模型。

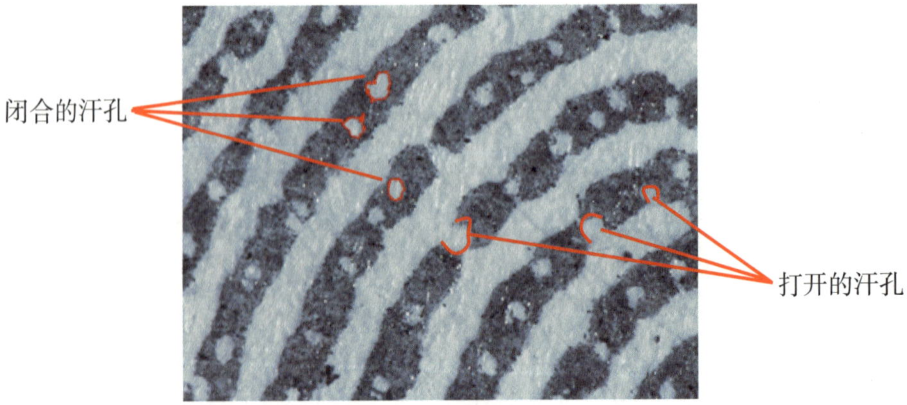

图 9-4　汗孔开闭状态

各向同性滤波的算法中无论使用高斯滤波器还是 Ga-bor 滤波器提取汗孔信息，都存在整幅指纹图像使用同一个参数的问题。一枚指纹中的不同区域，汗孔大小不同，开闭状态不同，适用于整幅指纹图像的汗孔提取参数很难找到，因而此类方法提到的汗孔准确率不高。

（二）各向异性滤波模型

香港科技大学的赵启军等人建立了 DAPM 模型，该模型是动态各向异性汗孔模型。该模型认为汗孔在一些情况下可能是各向异性的，并且汗孔大小也有不同，因此建立了动态的各向异性汗孔模型。此模型用方向和大小两个参数控制滤波器，使滤波器模型对各向异性和不同大小的汗孔具有一定的适应性。

虽然 DAPM 模型考虑到了汗孔的各向异性以及尺寸的差异，使用方向和大小两个参数控制滤波器。但这个算法通过对指纹图像进行循环分块计算直至达到某一阈值，计算量较大。

（三）参数分块自适应的汗孔提取方法

哈尔滨工业大学孙东秀用两个尺度不同的高斯滤波器来提取汗孔信息，同时考虑到一幅指纹图像中不同区域脊线周期变化不同，提出一种参数自适应的汗孔提取方法和以汗孔的相邻汗孔作为描述子来计算汗孔相似度的方法。孙东秀利用哈尔滨工业大学深圳校区（简称 HITSZ）的高精度（1200dpi）指纹数据库进行实验，并对几种汗孔提取方法的效果进行了比较实验，见表 9-2、图 9-5。从实验结果可以看出，孙冬秀提取汗孔的方法正确率高、错误率较低，取得了较好的效果。

表 9-2　四种方法提取汗孔效果比较（孙冬秀）

汗孔提取方法	最大正确提取率	最小正确提取率	平均正确提取率	最大错误提取率	最小错误提取率	平均错误提取率
Jain 方法	89.3%	43.9%	74.51%	42.9%	0.7%	23.58%
Ray 方法	80.1%	5.2%	30.14%	93.2%	7.4%	58.78%
赵启军方法	89.2%	30.9%	71.67%	55.2%	12.8%	35.33%
孙东秀方法	93.2%	61.5%	82.19%	43.9%	6.5%	21.14%

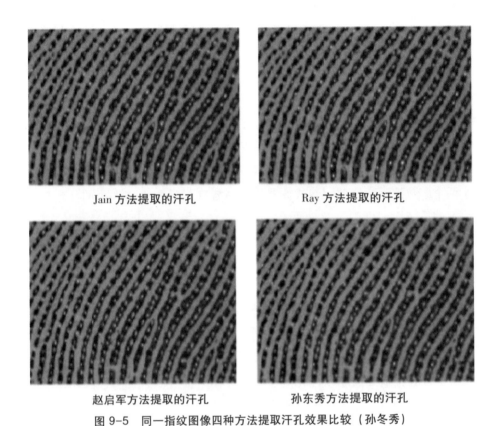

Jain 方法提取的汗孔　　　　　　　　Ray 方法提取的汗孔

赵启军方法提取的汗孔　　　　　　　孙东秀方法提取的汗孔

图 9-5　同一指纹图像四种方法提取汗孔效果比较（孙冬秀）

第三节　汗孔特征的匹配

　　汗孔特征匹配是对从两幅指纹图像中提取出来的汗孔特征进行对比，判断两枚指纹是否来源于同一手指。将汗孔特征应用于指纹识别与细节点特征一样，主要经过配准和匹配两个阶段。在配准阶段，需要找出待查指纹图和数据库指纹图中的几组控制点，通过这些控制点得到这两幅指纹图之间的变换关系，从而可以校正由于平移、旋转、畸变等带来的影响。指纹配准方法主要有基于细节点的方法和基于方向场的方法。在匹配阶段，比对经过配准后的两幅指纹图的相应点，如果其距离满足一定的条件，则认为这一组点匹配，根据匹配点数与不匹配点数最终得到两幅指纹图的匹配分数。

指纹图像的高分辨率会带来大量的指纹信息，要求更大的计算量和更多的匹配时间，有效降低计算量是需要解决的关键问题。目前基于汗孔的匹配算法可以分成以下几种类型：

一、基于细节特征配准的匹配算法

A. K. Jain 的 ICP 算法是基于细节点匹配后的汗孔匹配算法。首先利用细节点进行指纹配准，然后寻找匹配的细节点对。如果匹配的细节点对不足 12 个，则进入汗孔特征匹配。匹配选取的区域是已经匹配的细节点对周边的矩形区域，匹配算法为迭代最近点算法。此算法可以补偿指纹的非线性形变，同时适用于待查指纹图和数据库指纹图中特征点数量不同的情况。匹配的汗孔对之间的平均距离被用作匹配分数参与最后的融合决策。该算法不要求匹配中的点必须一一对应，并能一定程度地修正变形。

这类方法对噪声和干扰敏感，匹配的精度只受配准准确度的影响，当细节点价值不高或无法匹配时，即使汗孔特征清晰、可靠，也无法进行汗孔匹配。

二、基于汗孔特征的直接匹配算法

赵启军等人提出了汗孔特征的直接匹配方法。他认为 A. K. Jain 的方法中，汗孔特征的匹配依赖于细节点匹配的结果，二者不能解耦，不利于二级特征与三级特征匹配的融合，因此提出了一种汗孔直接匹配算法，即分层式的直接汗孔匹配方法。这种方法首先对所有的汗孔建立一个旋转不变的、归一化的描述符，然后利用汗孔的描述符直接进行粗匹配。粗匹配之后，再利用 RANSAC 算法剔除粗匹配中的错误结果，最后得到一个独立于细节点的汗孔匹配分数。

该方法有一定的局限性，即利用汗孔点附近的区域相关性进行粗匹配的准确率不高，并不能保证匹配到正确汗孔。另外在粗匹配阶段，每一对汗孔匹配的可靠性不同，这种可靠性的不同反映了图像变形的信息，在算法中没有利用到这类信息。同时汗孔数量庞大，这种算法用时长、效率低。

三、基于细节点和汗孔位置融合的匹配算法

Mayank Vatsa 等人直接进行细节点和汗孔位置的融合，并以此进行指纹识别。首先对细节点进行 Delaunay 三角划分，划分出来的每个三角形都作为一个细节点组，对每个细节点组及其内部的汗孔，构建一个新的超矢量，这个超矢量包括三角形内角余弦平均值、三角形的方向、细节点平均密度、边长比、细节点与汗孔的最大最小距离、脊线平均宽度等矢量或标量，指纹的识别就基于这个超矢量进行。

综上所述，计算机汗孔特征识别方面的研究有一些成果，但相关的研究还比较少，不够成熟。随着云计算及 GPU 等技术的引入，基于纹理识别技术和深度学习方法，将指纹作为图像进行识别，识别指纹纹理信息和三级特征信息，将促进指纹识别技术向纵深发展，推动指纹在生物特征识别领域继续发挥重要作用。

附 图

汗孔特征图谱

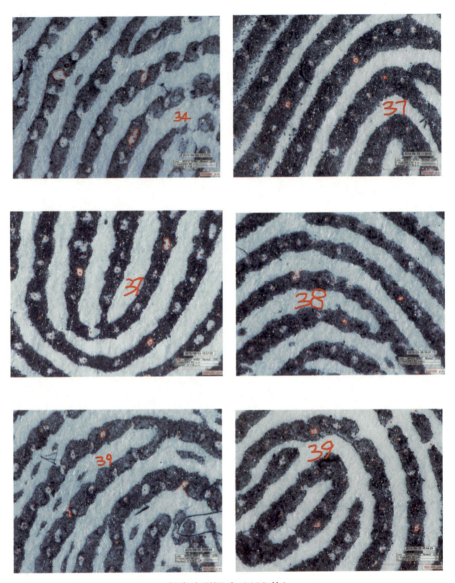

低密度型汗孔（100倍）

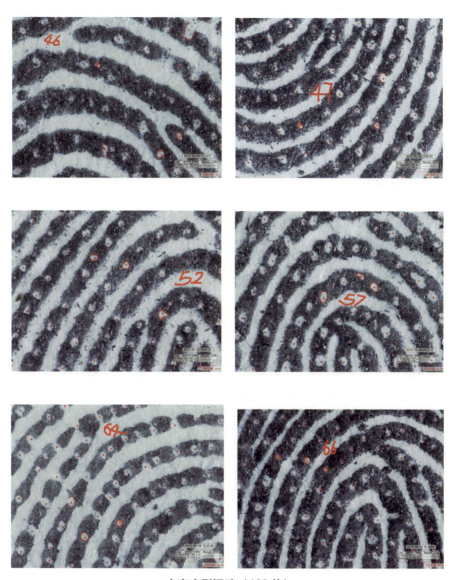

中密度型汗孔（100 倍）

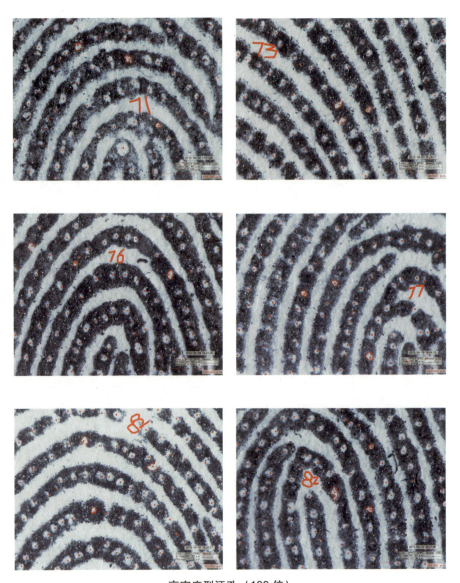

高密度型汗孔（100 倍）

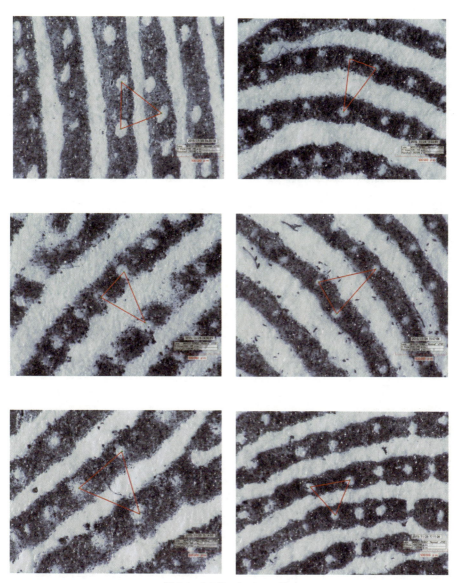

锐角组合型汗孔（150 倍）

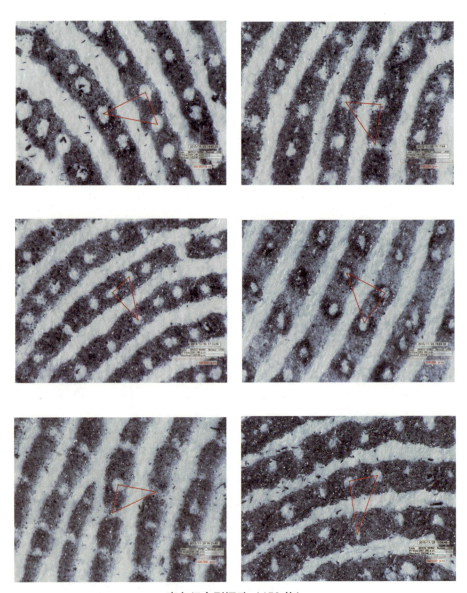

直角组合型汗孔（150 倍）

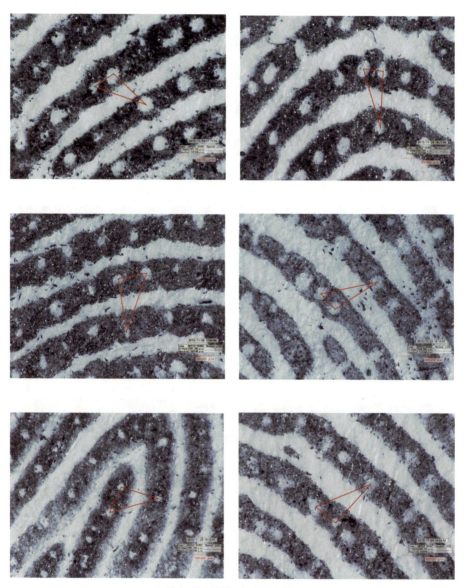

钝角组合型汗孔（150 倍）

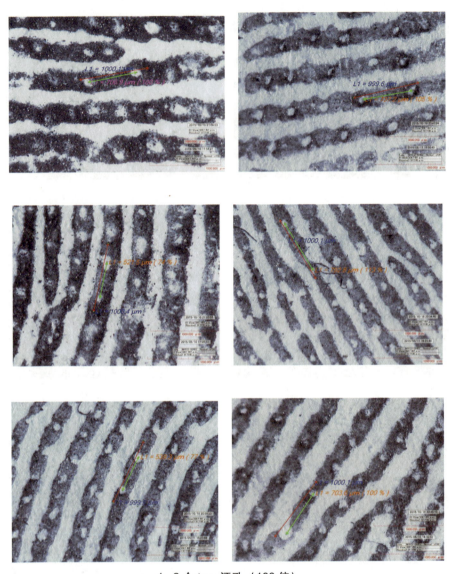

1~2 个/mm 汗孔（100 倍）

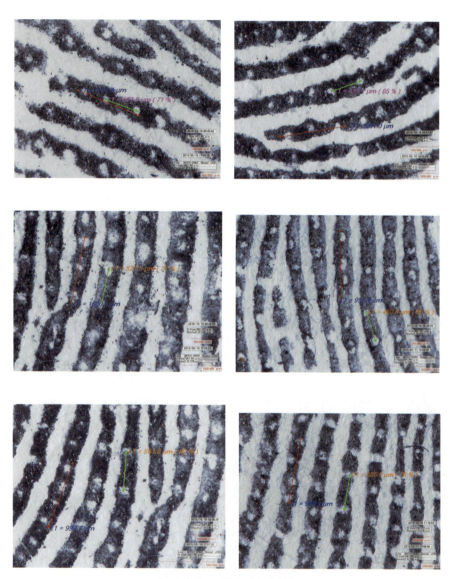

3~4 个/mm 汗孔（100 倍）

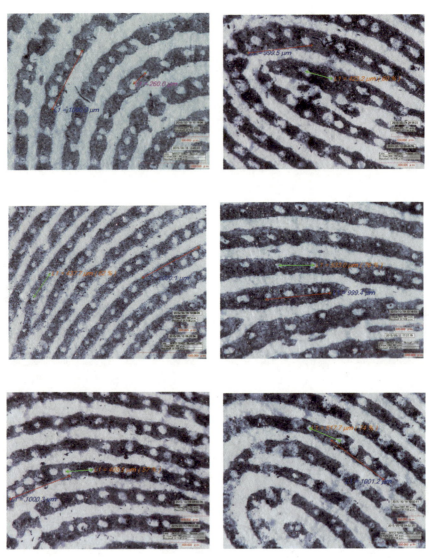

5~6 个/mm 汗孔（100 倍）

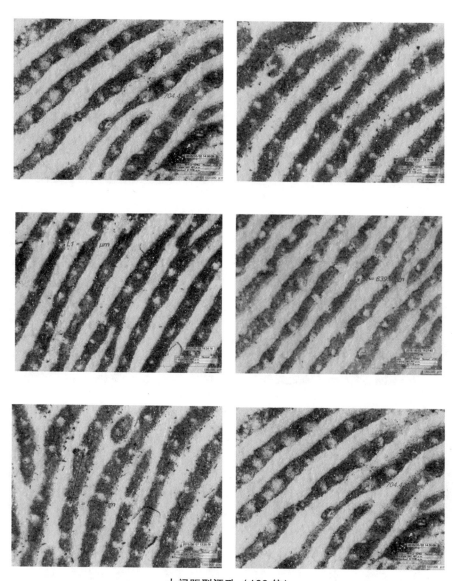

大间距型汗孔（100 倍）

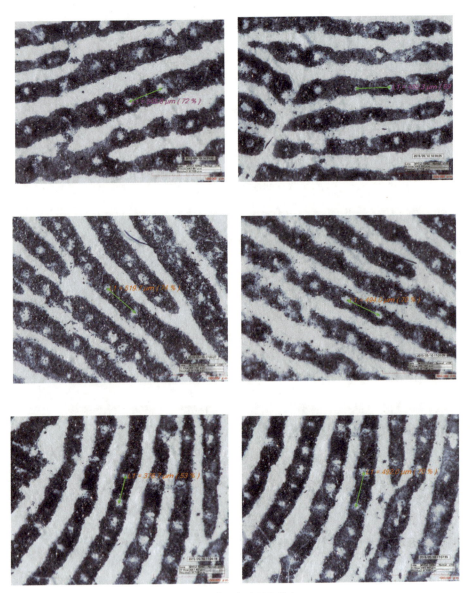

中间距型汗孔（100 倍）

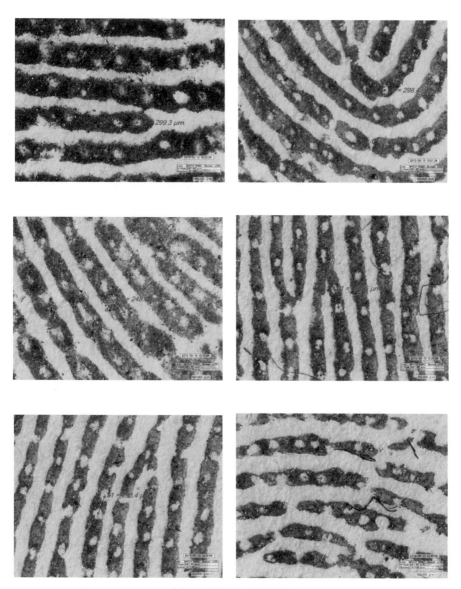

小间距型汗孔（100 倍）

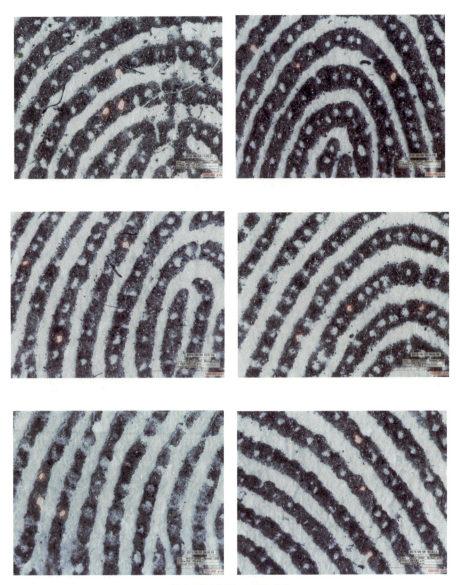

偏内侧型汗孔（100 倍）

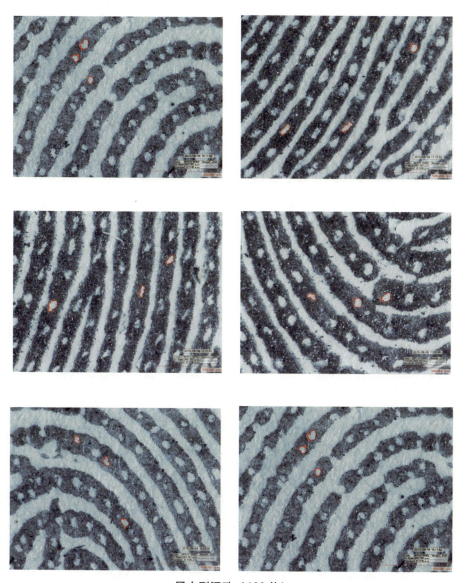

居中型汗孔（100 倍）

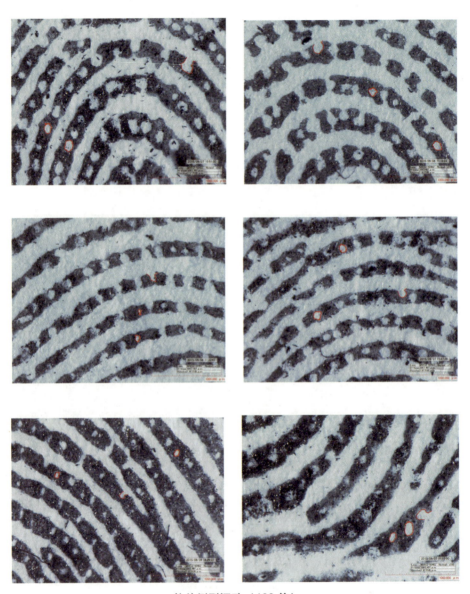

偏外侧型汗孔（100 倍）

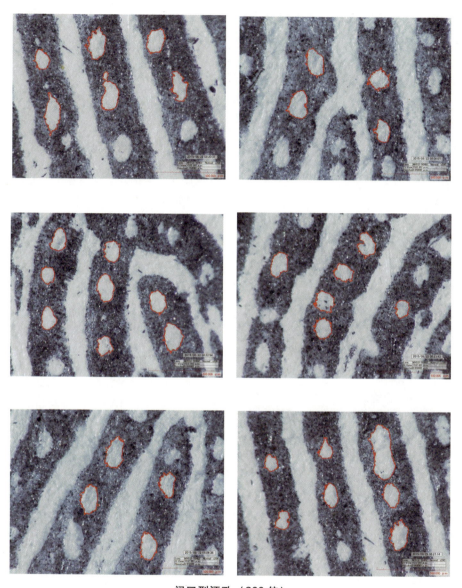

闭口型汗孔（200倍）

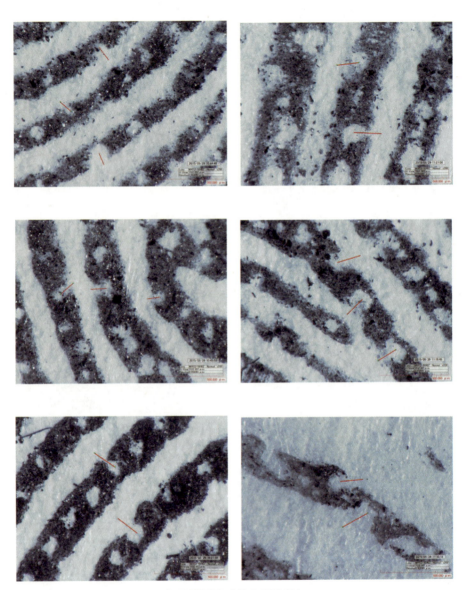

打开型汗孔（放大 200 倍）

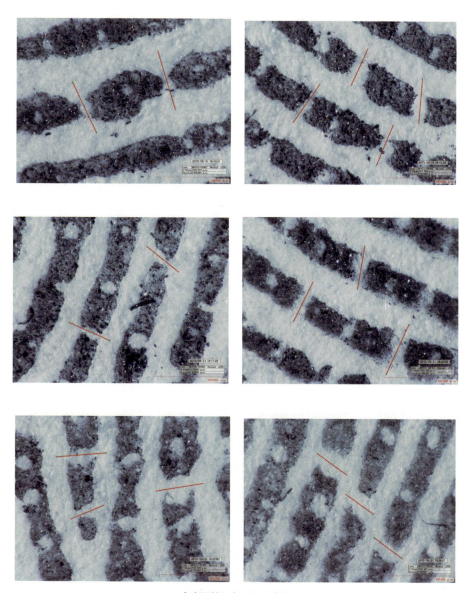

中断型汗孔（200 倍）

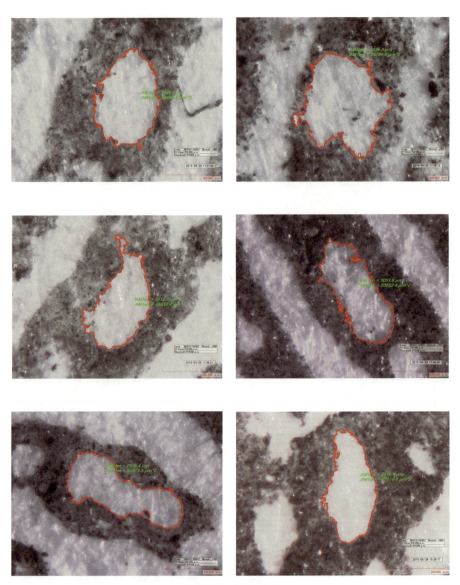

大型汗孔（400倍）

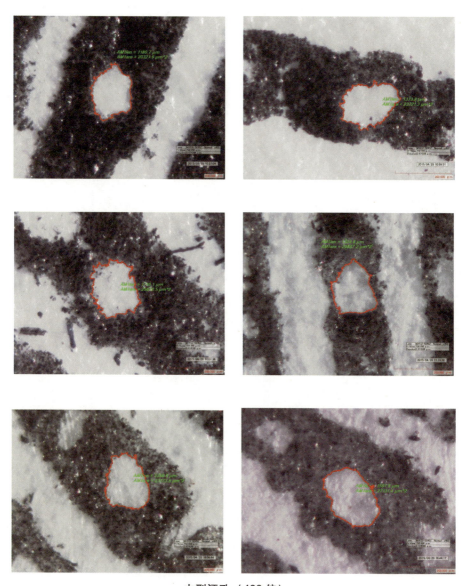

中型汗孔（400 倍）

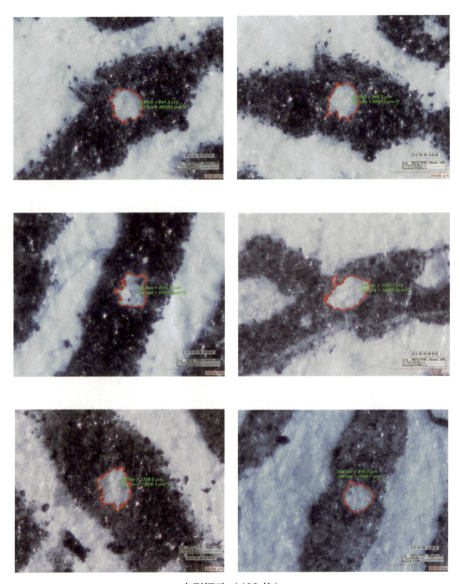

小型汗孔（400 倍）

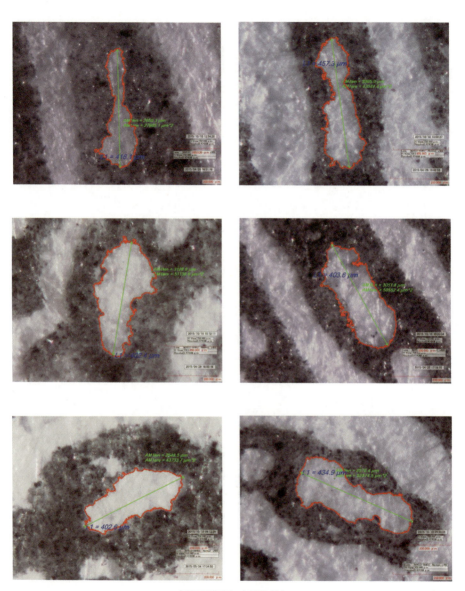

长径型汗孔（400 倍）

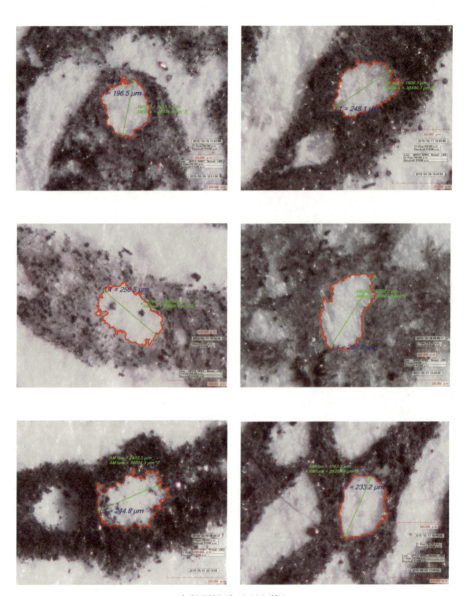

中径型汗孔（400 倍）

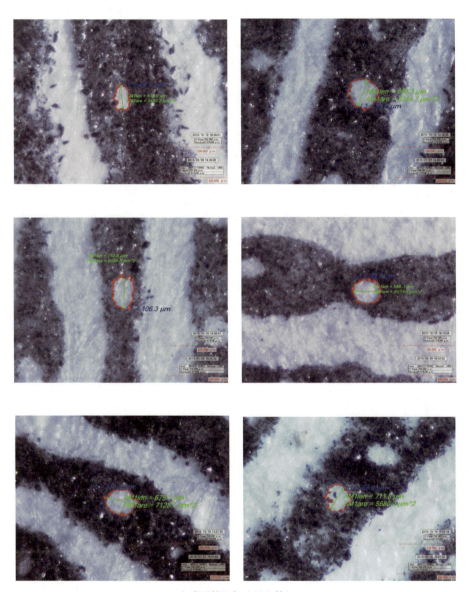

短径型汗孔（400倍）

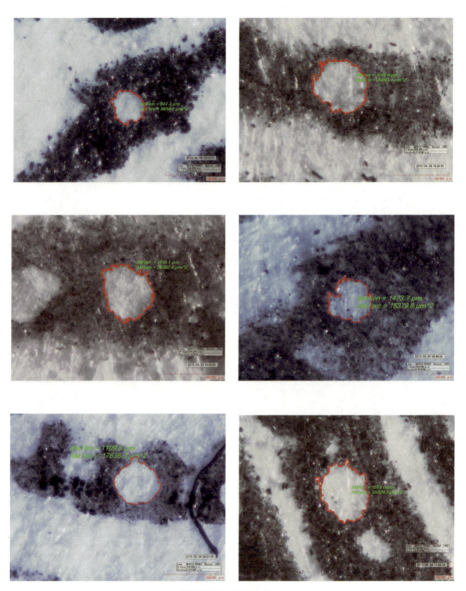

圆形汗孔（400 倍）

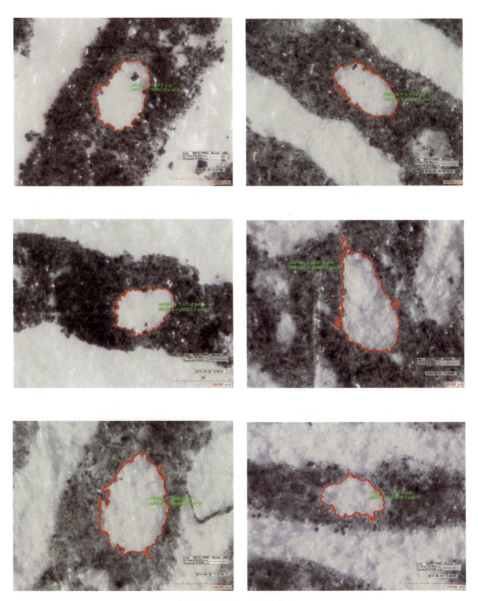

椭圆形汗孔（400 倍）

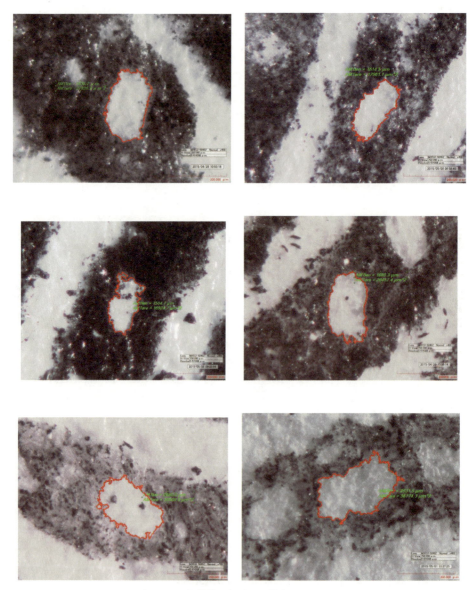

矩形汗孔（400 倍）

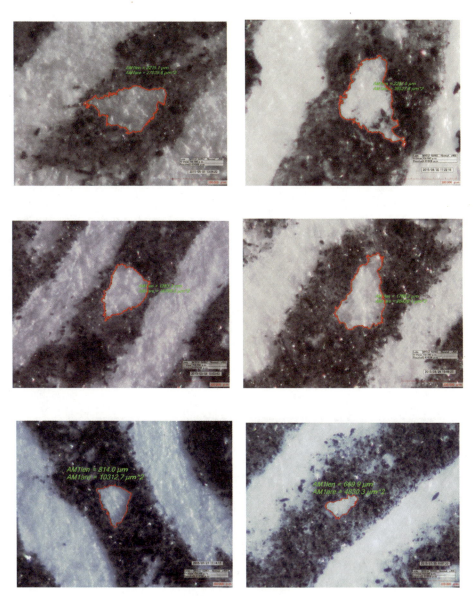

三角形汗孔（400 倍）

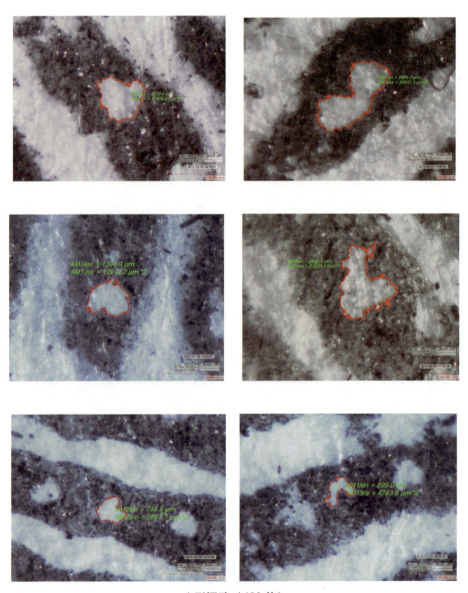

心形汗孔（400 倍）

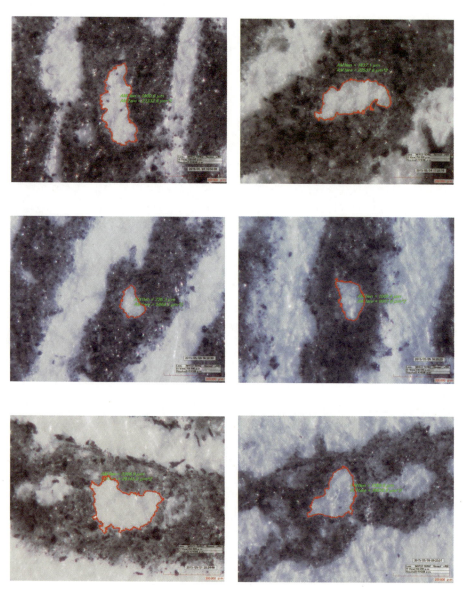

月牙形汗孔（400 倍）

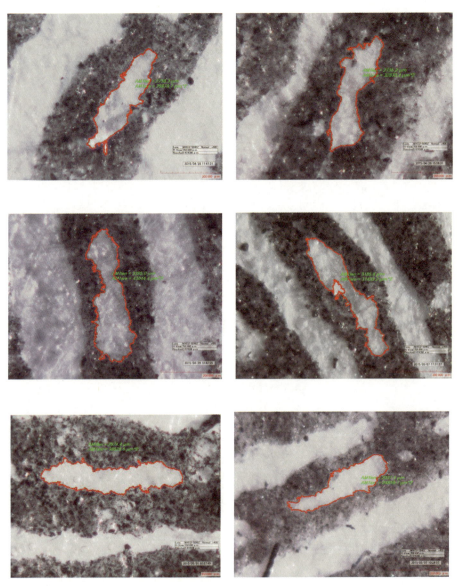

长条形汗孔（400 倍）

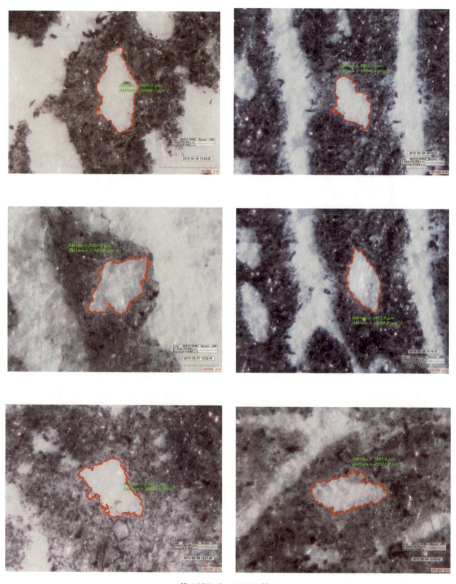

菱形汗孔（400 倍）

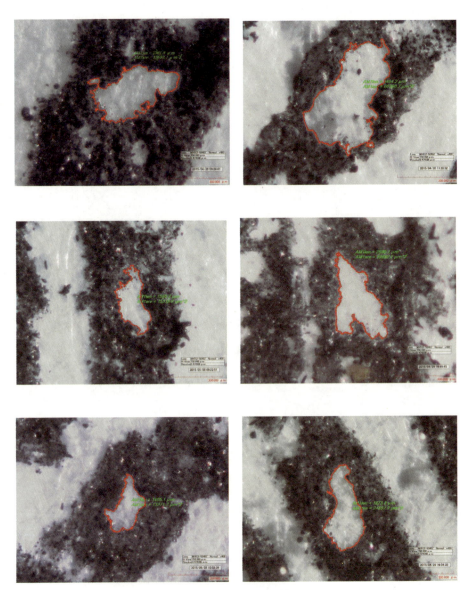

不规则形汗孔（400倍）

主要参考文献

一、著作类

1. 刘少聪：《新指纹学》，安徽人民出版社 1984 年版。

2. 李从珠：《统计方法在刑事技术中的应用》，群众出版社 1986 年版。

3. 田舒勇：《指纹检验与档案管理》，警官教育出版社 1994 年版。

4. 赵向欣主编：《中华指纹学》，群众出版社 1997 年版。

5. 罗亚平、史海清编译：《手印显现技术》，警官教育出版社 1999 年版。

6. 刘持平：《指纹的奥秘》，群众出版社 2001 年版。

7. 赵向欣主编：《中国刑事科学技术大全——指纹技术》，中国人民公安大学出版社 2003 年版。

8. 刘持平：《指纹无谎言》，江苏人民出版社 2003 年版。

9. 张海国：《手纹科学》，复旦大学出版社 2004 年版。

10. 刘少聪、耿庆杰主编：《手印学》，警官教育出版社 2007 年版。

11. 张毅主编：《手印学》，群众出版社 2007 年版。

12. 邓裕东主编：《手印检验技术》，中国人民公安大学出版社 2008 年版。

13. ［德］罗伯特·海因德尔：《世界指纹史》，刘持平、何海龙、王京译，中国人民公安大学出版社 2008 年版。

14. 潘自勤主编：《痕迹学》，群众出版社 2011 年版。

15. 韩均良主编：《手印检验技术图解》，中国人民公安大学出版社 2011 年版。

16. 王文江编：《指纹自动识别与检验》，中国人民公安大学出版社 2011 年版。

17. 罗亚平、郭威主编：《指纹学教程》，中国人民公安大学出版社 2012

年版。

18. 张晓梅编：《现场手印显现技术规范》，中国人民公安大学出版社 2012
    年版。

19. 王威、张晓梅主编：《指纹信息工作教程》，群众出版社 2012 年版。

20. 邹仲之、李继承主编：《组织学与胚胎学》，人民卫生出版社 2013 年版。

21. 刘寰主编：《指纹检验图谱》，群众出版社 2014 年版。

22. 刘宁：《自动指纹识别系统关键技术》，吉林大学出版社 2015 年版。

23. 沈国文、徐同祥编：《中国指纹史》，中国人民公安大学出版社 2015
    年版。

24. 陈芳林、周杰：《指纹特征提取与多特征识别》，国防工业出版社 2016
    年版。

25. 黄锐：《基于生物分子识别的多功能纳米材料的潜指印显现研究》，群众
    出版社 2018 年版。

26. 薛静主编：《现场手印发现提取和手印显现技术手册》，群众出版社 2018
    年版。

27. 公安部物证鉴定中心编：《手印检验技术实战应用手册》，群众出版社
    2018 年版。

28. 钟新文、张忠良主编：《手印学》，中国人民公安大学出版社 2019 年版。

29. 韩均良主编：《痕迹检验》，法律出版社版 2020 年版。

二、期刊论文类

1. 商奇："汗孔学探讨"，载《刑事技术》1980 年第 3 期。

2. 兰绍江："汗孔复型与汗孔形态"，载《刑事技术》1985 年第 3 期。

3. 崔道植："微小痕迹鉴定三例"，载《刑事技术》1986 年第 2 期。

4. 刘荣慧："一种简易的记录与计数皮峰汗孔的技术"，载《国际遗传杂志》
   1987 年第 2 期。

5. 韩智等："残留少量纹线指印的检验"，载《刑事技术》1989 年第 3 期。

6. 常武："微距摄影拍摄汗孔痕迹"，载《刑事技术》2003 年第 6 期。

7. 廖岳华："细点线的识别与检验研究"，载《中国人民公安大学学报（自
   然科学版）》2003 年第 6 期。

8. 刘微等:"对暗视场显现指印汗孔细节特征的初步研究",载《辽宁警专学报》2007年第1期。

9. 李洪武:"关于指纹汗孔的初步研究",载《辽宁警专学报》2007年第6期。

10. 姜友云:"指纹细点线的识别与检验研究",载《广东公安科技》2007年第3期。

11. 王嘉川、王嘉枭、张杰:"DFO显现信纸上指纹并利用汗孔特征鉴定1例",载《刑事技术》2010年第1期。

12. 郭少波等:"探析高分辨率指纹特定条件下三级特征的稳定性",载《中国司法鉴定》2013年第1期。

13. 吉永成:"纹线中空特征在指纹比对中的应用",载《刑事技术》2013年第6期。

14. 宁势强:"尸体与活体指纹微观细节特征分析的科学基础",载《商》2013年第15期。

15. 左琦:"乳突线边沿形态稳定性的初步研究",载《中国刑警学院学报》2013年第1期。

16. 崔雪璐等:"指纹与细点线形态特征相关性的研究",载《广东公安科技》2013年第2期。

17. 谈科:"汗孔特征辅助识别指纹破案1例",载《刑事技术》2013年第1期。

18. 潘自勤:"指纹三级特征在指纹鉴定中的价值",载《刑事技术》2014年第4期。

19. 李航、罗亚平:"油墨捺印指纹汗孔特征稳定性的研究",载《刑事技术》2014年第2期。

20. 潘自勤、宁势强、张浩泽:"尸体与活体指纹微观细节特征的差异分析",载《中国司法鉴定》2014年第2期。

21. 左琦:"用乳突纹线边沿细节特征辅助指纹鉴定",载《湖北警官学院学报》2014年第7期。

22. 左琦:"乳突线边沿细节的观察与识别",载《中国刑警学院学报》2014年第1期。

23. 左琦："指纹汗孔采集方法研究"，载《刑事技术》2014 年第 4 期。

24. 冯永平、陈妍："运用乳突纹线三级特征检验疑难掌纹案 1 例"，载《中国司法鉴定》2014 年第 3 期。

25. 丁锰、易瑶、康艳荣："基于汗孔特征的指纹识别技术研究进展"，载《中国人民公安大学学报（自然科学版）》2014 年第 1 期。

26. 潘自勤、宁势强："捺印压力与油墨量对指纹微观细节特征反映性的影响"，载《中国司法鉴定》2015 年第 1 期。

27. 夏育琴、吴向荣："指纹汗孔的识别价值初探"，载《海峡科学》2015 年第 10 期。

28. 宋清亮、王娟："浅析指纹三级特征在指纹检验中的应用"，载《甘肃警察职业学院学报》2015 年第 4 期。

29. 焦彩洋、张晓梅："汗孔特征的观察与识别"，载《中国司法鉴定》2016 年第 4 期。

30. 焦彩洋、张琦、甘霖："利用指纹三级特征辅助指纹鉴定探讨"，载《山西警官高等专科学校学报》2016 年第 3 期。

31. 杨清："指纹三级特征在指纹检验中的若干应用"，载《法制博览》2016 年第 36 期。

32. 李海冰、李影："渗透性客体表面手印三级特征的反映研究"，载《轻工科技》2016 年第 12 期。

33. 李陈美、李霓莎："指纹汗孔特征在指纹检验鉴定中的价值"，载《科技经济导刊》2016 年第 7 期。

34. 袁铭基、高兴耀："浅析尸体与活体指纹微观细节特征分析"，载《法制博览》2016 年第 33 期。

35. 郭卫平："乳突纹线的细节特征一'间断'在指纹检验中的应用研究"，载《刑事技术》2017 年第 3 期。

36. 韩申、申畅："指纹微观细节特征在指纹鉴定中的应用条件探究"，载《中国司法鉴定》2017 年第 3 期。

37. 郭子兵、吴国波："论残缺手印鉴定中三级特征的价值"，载《法制博览》2017 年第 22 期。

38. 袁颖："指纹三级特征识别研究进展"，载《自动化应用》2018 年第

7 期。

39. 王有民："指纹三级特征的组织学基础、影响因素与实用性价值分析"，载《中国人民公安大学学报（自然科学版）》2018 年第 3 期。

40. 刘义鹏等："基于嵌入式 GPU 的汗孔识别算法并行设计"，载《传感器与微系统》2018 年第 5 期。

41. 姚园园："指纹汗孔特征的应用及识别问题研究"，载《法制博览》2019 年第 1 期。

42. 李保国、李新华："指纹三级特征在指纹检验中的应用分析"，载《法制博览》2019 年第 3 期。

43. 李玉生、庄伯金："基于 SURF 特征的指纹汗孔检测方法"，载《中国科技论文在线》2019 年。

44. 王有民等："指纹三级特征中汗孔位置的生物学变化规律研究"，载《刑事技术》2020 年第 5 期。

45. 左琦、周宇："基于 AFIS 的汗孔特征稳定性研究"，载《中国司法鉴定》2020 年第 6 期。

三、会议论文类

1. 牛宝华、邢汝洲、巩固军："浅谈指纹中的'细微特征'"，载《第二届全国痕迹学学术交流会论文选》，群众出版社 1988 年版。

2. 王跃进："汗孔作为识别人的特征讨论"，载《第一届全国手印专业学术交流会论文选》，警官教育出版社 1993 年版。

3. 杨智诚等："应用短波紫外反射照相方法检验指印汗孔"，载《紫外照相与视听技术检验学术论文集》，中国人民公安大学出版社 2008 年版。

4. 水晶晶、罗亚平："茚三酮显现纸张上潜在手印的汗孔特征研究初探"，载《第四届全国指纹学学术交流会论文选》，经济管理出版社 2011 年版。

5. 常冉、罗亚平："指纹汗孔特征稳定性的初步研究"，载《第四届全国指纹学学术交流会论文选》，经济管理出版社 2011 年版。

6. 生健："从手印乳突纹线局部形态对手印鉴定的支持作用谈手印同一认定理论的新理解"，载《第四届全国指纹学学术交流会论文选》，经济管理出版社 2011 年版。

7. 冯永平、陈妍："运用乳突纹线三级特征突破疑难掌纹检验 1 例"，载《第一届全国司法鉴定工作规范化管理与检验新技术应用研讨会论文集》，中国人民公安大学出版社 2013 年版。

8. 潘自勤、周桂雪："指纹微观细节特征在指纹鉴定中的应用研究"，载《第五届全国指纹学学术交流会论文选》，群众出版社 2015 年版。

9. 生健："三级特征检验指纹的适用"，载《第五届全国指纹学学术交流会论文选》，群众出版社 2015 年版。

10. 左琦、庞立新、王俊乐："现场指印汗孔出现情况的统计与分析"，载《痕迹检验信息化应用与传统技术发展国际研讨会论文集（2015 年）》，痕迹检验鉴定技术公安部重点实验室 2015 年版。

11. 左琦、高喜峰、崔欣："指印汗孔的观察与识别"，载《痕迹检验信息化应用与传统技术发展国际研讨会论文集（2015 年）》，痕迹检验鉴定技术公安部重点实验室 2015 年版。

12. 左琦、崔欣："感湿聚合物 PDA 辅助识别指纹汗孔"，载《公安技术学科建设暨公安技术学术研讨会论文摘要集》，江苏警官学院 2015 年版。

13. 郭怀宇等："基于 SVM 和自适应模型匹配结合的指纹汗孔提取方法"，载《第 35 届中国控制会议论文集》，2016 年版。

14. 马哲刚、郑浩："指纹中空特征应用研究"，载《第二届指纹论坛论文集》，江苏警官学院 2017 年版。

15. 吉永成、糜嘉辰、俞磊："手印的微观检验"，载《第二届指纹论坛论文集》，江苏警官学院 2017 年版。

16. 周蕾、郭亚："细点线在手印检验中的意义初探"，载《第六届全国指纹检验技术建设发展与实战应用研讨会论文选》，群众出版社 2018 年版。

17. 孙培亮、吉永成、郝伟："浅析指纹宏观特征与微观特征在疑难案件中的综合运用"，载《第六届全国指纹检验技术建设发展与实战应用研讨会论文选》，群众出版社 2018 年版。

18. 左琦："500ppi 采集仪指纹微观特征最佳采集效果探析"，载《2020 年刑事技术创新与发展国际研讨会论文集》，中国人民公安大学出版社 2020 年版。

四、学位论文类

1. 许峰："基于汗孔特性的指纹活性检测及指纹识别"，南京大学 2005 年硕士学位论文。

2. 李雄伟："一种融合细节点和汗孔的指纹识别算法"，哈尔滨工业大学 2007 年硕士学位论文。

3. 孙东秀："基于细节点和汗孔的指纹识别系统研究"，哈尔滨工业大学 2008 年硕士学位论文。

4. 方博："基于汗孔的高分辨率指纹匹配算法"，哈尔滨工业大学 2011 年硕士学位论文。

5. 李浩："铝粉显现非渗透性客体指纹三级特征的统计与分析"，中国人民公安大学 2012 年硕士学位论文。

6. 吴志丹："高分辨率指纹汗孔特征提取与匹配算法研究"，哈尔滨工业大学 2013 年硕士学位论文。

7. 周桂雪："民事案件指纹鉴定中第三级特征分析及应用研究"，西南政法大学 2014 年硕士学位论文。

8. 李艳霞："高分辨率指纹汗孔提取模型的研究"，哈尔滨工业大学 2015 年硕士学位论文。

9. 詹程凯："基于嵌入式 GPU 的指纹汗孔识别软件并行设计"，浙江工业大学 2017 年硕士学位论文。

10. 李利红："基于高分率指纹的汗孔点集匹配算法研究"，哈尔滨工业大学 2017 年硕士学位论文。

11. 贺晨鸽："指纹三级特征在指印鉴定中的应用研究"，华东政法大学 2018 年硕士学位论文。

12. 李玉生："高分辨率指纹图像的汗孔检测方法"，北京邮电大学 2018 年硕士学位论文。

13. 赵元豪、沈琳琳："基于汗孔特征的高分辨率指纹识别算法研究"，深圳大学 2019 年硕士学位论文。

14. 徐元荣："结合汗孔的高分辨率指纹识别算法研究"，哈尔滨工业大学 2020 年博士学位论文。

五、专利类

1. 张明、戴建新、张沼斌、邹聪、何勇："一种基于神经网络的指纹汗孔编码分类方法"，CN201910618569.7.2019.11.19。

2. 卢光明、徐元荣、张大鹏："一种高分辨率指纹汗孔匹配的方法、装置、系统及存储介质"，CN201910886672.X.2019.12.20。

3. 卢光明、徐元荣、张大鹏："基于汗孔和多图匹配的高分辨率指纹检索方法、装置、系统及存储介质"，CN201910886814.2019.12.31。

六、外文文献

1. David. R. Ashbaugh, *Quantitative - Qualitative Friction Ridge Analysis*, *An Introduction to Basic and Advanced Ridgeology*, New York: CRC press, 1999.

2. David R. Ashbaugh, "Fingerprints and Admissibility: Friction Ridges and Science", *Canadian Journal of Police and Security Services*, June 2005.

3. Anil K. Jain, Yi Chen, Meltem Demirkus. "Pores and Ridges: High-Resolution Fingerprint Matching Using Level 3 Features", *IEEE Transactions on Pattern Analysis and Machine Intelligence*, vol. 29, no. 1, 2007.

4. Mayank Vatsa, *Quality Induced Secure Multiclassifier Fingerprint Verification using Extended Feature Set*, Ph. D. Dissertation, West Virginia University, 2008.

5. A. Gupta, K. Buckley, R. Sutton, "Latent fingermark pore area reproducibility", *Forensic Science International*. 2008 (179): 172 - 175.

6. Mayank Vatsa, "Unification of Evidence-Theoretic Fusion Algorithms: A Case Study in Level-2 and Level-3 Fingerprint Features", *IEEE Transactions on Systems, Man, And Cybernetics- Part A: Systems and Humans*, vol. 39, no. 1, January 2009.

7. Qijun Zhao, Anil K. Jain, "On the Utility of Extended Fingerprint Features: A Study on Pores", *IEEE Computer Society Conference on Computer Vision and Pattern Recognition-Workshops*, June 13-18, 2010.

8. Zia Saquib, Rekha Vig, "Sweat pores-based (level 3) novel fingerprint quality estimation", *IEEE International Conference on Computer Science & Informa-*

tion Technology, 2010, 8: 525–531.

9. Aditya Abhyankar, Stephanie Schuckers, "Towards integrating level–3 Features with perspiration pattern for robust fingerprint recognition", *Proceedings of 2010 IEEE 17th International Conference on Image Processing*, 2010, 9: 26–29.

10. Abhishek Gupta, M. Phil, Raul Sutton, "Pore Sub–Features Reproducibility in DirectMicroscopic and Livescan Images—Their Reliability in Personal Iden-tifification", *J Forensic Sci*, *July* 2010, Vol. 55, 970–975.

11. David Zhang, Feng Liu, Qijun Zhao et al, "Selecting a Reference High Reso-lution for Fingerprint Recognition Using Minutiae and Pores", *IEEE Transac-tions on Instrumentation and Measurement*, vol. 60, no. 3, 2011.

12. Dasa S. Preethi, Mandya D. Nithin, Basappa Manjunatha, Bheemasamudra M. Balaraj, "Study of Poroscopy Among South IndianPopulation", *J Forensic Sci*, *March* 2012, Vol. 57. 449–452.

13. Pinki Agrawal, Ravikant Kapoor, Sanjay Agrawal, "Partial fingerprint matc-hing: Fusion of level 2 and level 3 features", *Confluence the Next Generation Information Technology Summit*, 2014: 504–508.

后 记

时光荏苒，从公安一线的刑事技术民警到警察院校的教师转眼已经三十余年。虽然工作环境和工作内容都发生了变化，但是我对指纹工作的初衷没有变。

2011年参加公安部物证中心在无锡举办的第四届全国指纹学学术交流会，这次会议上有学者就"汗孔""手印纹线局部形态"等内容发言，给我很大启发，逐渐激起我对指纹三级特征研究的兴趣。2012年立项河南警察学院科研课题《在超景深三维显微镜下对指纹三级特征的识别研究》，2014年立项河南省重点科技攻关项目《基于指纹三级特征的人身识别新技术研究》。历经数年课题结项，论文发表，研究报告完成，并获得学院学术著作出版资助。

梳理近十年指纹三级特征研究工作成果，看着一摞摞几经修改而完成的书稿，没有心潮澎湃，只有刻骨铭心的记忆碎片：无数个夜晚猛然惊醒，想起停滞不前的书稿，夜不能寐；纠结于实验思路的缜密、实验数据的准确，流连在实验室不知黑夜与白昼；更多的是独自探索的孤独，犹如一叶扁舟，起起落落。

一路走来，老师、朋友、学生给与我很多的支持与帮助。

在课题研究初期发现指纹三级特征内容庞杂，一时难以理出头绪，遂请教公安部物证鉴定中心原指纹处常柏年处长，帮助梳理出研究的主要脉络，并对后期课题结项提出宝贵意见，在此衷心感谢常处长的大力支持和帮助！

在课题研究过程中，邀请中国刑警学院张晓梅教授指导并参与。张教授带领其研究生对汗孔特征的类型进行归纳总结，并对汗潜手印三级特征最佳显现方法进行研究，解决了汗孔特征研究的两个难点。在此对张老师的慷慨帮助表示由衷的感谢！

在指纹三级特征样本采集环节，寻找 1000ppi 的高分辨率采集仪成为难题，经公安部物证鉴定中心指纹处刘寰处长多方联系，找到高分辨采集仪，并帮助在不同分辨率下采集所需的指纹图像用于研究。在此对刘处长的大力支持表示诚挚的感谢！

在基础数据收集、资料整理过程中，我院刑事科学技术系学生崔坤、王俊乐、崔欣、邹涛、张钦钦、王乾坤、谢艺博、杨禄鹏、周宇等做了大量的工作，特别是崔欣全程参与课题的研究，并拍摄数万张汗孔图片，对历届可爱的学生们表示感谢！

感谢原工作单位——郑州市公安局犯罪侦查局，15 年刑事技术工作中积累的经验及海量指纹管理磨炼出来的敏感性令我终身受益。感谢侦查局曾经的领导和同事，在我的成长中给予的支持与帮助。特别是王恂如高级工程师在工作、生活中给予的帮助，终生难忘，深深感谢！

还要感谢河南警察学院各级领导和同事，感谢院领导对科研工作的重视，对教师培养的重视（曾两次送我外出进修学习）。感谢祝卫军处长、李磊书记多年的鼓励与支持，感谢韩均良老师、郑黎明老师带领入门，感谢沈郑燕博士的点滴协助，更有工作中各位同事荣辱与共、精诚合作，才促使课题顺利结项、本书顺利完成，在此均致以诚挚的感谢！

另外，本书也参考了同一研究领域学者的论文，特别是罗亚平教授、潘自勤教授的研究成果，在此一并表示感谢！还要感谢家人和朋友，你们的关注给了我不断前行的动力。

指纹三级特征研究内容繁杂、工程浩大，是指纹学可以深入探索的领域。本书仅是对指纹三级特征的初步解读，不全面、不深入，加之作者水平有限，谬误之处在所难免，诚祈各位老师、朋友，多多指教，不胜感谢！

左 琦

2021 年 12 月于郑州